utb 5694

Eine Arbeitsgemeinschaft der Verlage

Brill | Schöningh – Fink · Paderborn
Brill | Vandenhoeck & Ruprecht · Göttingen – Böhlau · Wien · Köln
Verlag Barbara Budrich · Opladen · Toronto
facultas · Wien
Haupt Verlag · Bern
Verlag Julius Klinkhardt · Bad Heilbrunn
Mohr Siebeck · Tübingen
Narr Francke Attempto Verlag – expert verlag · Tübingen
Psychiatrie Verlag · Köln
Ernst Reinhardt Verlag · München
transcript Verlag · Bielefeld
Verlag Eugen Ulmer · Stuttgart
UVK Verlag · München
Waxmann · Münster · New York
wbv Publikation · Bielefeld
Wochenschau Verlag · Frankfurt am Main

#fragdocheinfach
Alle Bände der Reihe finden Sie am Ende des Buches.

Dr. habil. Anna-Lisa Müller ist Geographin und Soziologin. Sie forscht derzeit am Institut für interdisziplinäre Konflikt- und Gewaltforschung (IKG) der Universität Bielefeld. Schwerpunkte ihrer Forschung sind Migrationsforschung, Stadtforschung, Qualitative Methoden der Sozialforschung sowie Raum- und Kulturtheorien. Zudem untersucht sie die Lebensrealitäten internationaler Migrant:innen sowie Merkmale postmigrantischer Gesellschaften.

Anna-Lisa Müller

Migration? Frag doch einfach!

Klare Antworten aus erster Hand

UVK Verlag · München

Umschlagabbildung und Kapiteleinstiegsseiten: © bgblue – iStock
Abbildungen im Innenteil: Figur, Lupe, Glühbirne: © Die Illustrationsagentur
Autorinnenfoto: © Gesine Born

Bibliografische Information der Deutschen Nationalbibliothek
Die Deutsche Nationalbibliothek verzeichnet diese Publikation in der Deutschen Nationalbibliografie; detaillierte bibliografische Daten sind im Internet über http://dnb.dnb.de abrufbar.

DOI: https://doi.org/10.36198/9783838556949

– Ein Unternehmen der Narr Francke Attempto Verlag GmbH + Co. KG
Dischingerweg 5 · D-72070 Tübingen

Internet: www.narr.de
eMail: info@narr.de

Einbandgestaltung: siegel konzeption | gestaltung
CPI books GmbH, Leck

utb-Nr. 5694
ISBN 978-3-8252-5694-4 (Print)
ISBN 978-3-8385-5694-9 (ePDF)
ISBN 978-3-8463-5694-4 (ePub)

Alle Fragen im Überblick

Vorwort

Spätestens seit dem sogenannten „Sommer der Migration" im Jahr 2015 ist Migration in Deutschland in aller Munde. Dieser Begriff wurde in den Medien verwendet, um die Situation im Sommer 2015 zu beschreiben: die Situation, als eine große Zahl an Asylsuchenden, viele davon auf der Flucht vor dem Bürgerkrieg in Syrien, in die EU und nach Deutschland migrierte. Doch Migration ist nicht neu, sie ist bekannt und für viele Menschen alltäglicher Bestandteil ihres Lebens. Aber ist sie das wirklich? Denn weltweit migriert nur ein Bruchteil der Menschen: Im Jahr 2020 waren es gerade einmal 3,6 % (McAuliffe und Triandafyllidou 2021, 10). Dennoch ist Migration ein Thema, über das in Deutschland und weltweit viel gesprochen und geschrieben wird, das politische Entscheidungsträgerinnen und Entscheidungsträger ebenso beschäftigt wie Wirtschaftsunternehmen und Nichtregierungsorganisationen. Es ist Thema in Tages- und Wochenzeitungen, in sozialen Medien, wir sprechen darüber im Alltag, im Fernsehen und im Radio. Sehr unterschiedliche Akteure beschäftigen sich also mit dem Thema, sowohl beruflich als auch privat. Darum dieses Buch. Es soll Informationen geben, was Migration ist und wie jede Einzelne und jeder Einzelne von uns, aber auch die Gesellschaft als Ganze und die weltweiten politischen, wirtschaftlichen und sozialen Beziehungen damit zu tun haben. Das Buch soll Fragen beantworten. Fragen wie diese: Was heißt es, eine Migrantin oder ein Migrant zu sein? Wie unterscheidet sich die Migration innerhalb eines Landes von der Migration zwischen Ländern? Wo bin ich zuhause, wenn ich das Land meiner Geburt verlassen habe, aber noch Kontakte dorthin habe? Welche Rolle spielen Politik und Wirtschaft in der Steuerung und Ermöglichung von Migration? Wer kann leicht, wer schwer Grenzen überschreiten? Und welche Rolle spielen Krieg und Klimawandel für Migration? Diesen und weiteren Fragen gehe ich in diesem Buch nach. Ich zeige, auf welche Weise sich heutige Formen der Migration von Migration in anderen Zeiten unterscheidet und wo sie sich ähneln, welche Formen es überhaupt gibt und welche Akteure wichtig sind. Zentrales Anliegen ist, Migration als etwas Alltägliches vorzustellen, das uns alle betrifft, selbst wenn statistisch nur wenige von uns migrieren.

Dazu nehme ich in diesem Buch auch explizit bestimmte Bilder und Stereotype auf, die mit Migration verbunden sind, und setze sie in einen

Kontext (vgl. dazu auch Haas 2023). Es geht darum, manches gegen den Strich zu bürsten und das, was uns im öffentlichen Diskurs als Behauptung begegnet, ernst zu nehmen und auf seinen Wahrheitsgehalt hin zu befragen. Das gilt etwa für die Frage, ob Migration zur Ghettobildung beiträgt oder mehr Migration zu mehr Kriminalität führt.

Ein Buch über Migration zu schreiben ist eine Herausforderung, da es so viel zu sagen gibt. Und es ist ein so vielschichtiges Thema, das einfache Antworten schwierig macht.

Das beginnt bei den Formulierungen und Begriffen. So spreche ich davon, dass Menschen migrieren und sich aus ihren Herkunftsländern in andere Länder bewegen. Das bedeutet allerdings nicht, dass diese Herkunftsländer auch immer die Länder sind, in denen die Menschen geboren und aufgewachsen sind. Denn es gibt auch Menschen, die aus dem Land, in dem sie geboren sind, erst in ein Land migrieren und nach einigen Jahren oder Jahrzehnten in ein weiteres. So können sich im Laufe eines Lebens mehrere Länder als zeitweilige Lebensmittelpunkte ergeben, die dann jeweils Herkunftsländer der nächsten Station sind.

Auf den Begriff des Heimatlandes verzichte ich in diesem Buch außerdem komplett. Dieses Buch betrachtet Migration und damit die Bewegung von Menschen durch Räume und über nationalstaatliche Grenzen hinweg. Es geht um Gründe und Motive für Migration, um die Bedeutung von Orten, Netzwerken und Medien und die Wirkung von Migration auf das Leben in einer Gesellschaft und im Alltag. Dabei geht es auch um Fragen der Zugehörigkeit und der Bindung. Diese aber sind, so die Grundannahme des Buches, nicht ursächlich an Nationalstaaten geknüpft, was der Begriff „Heimatland“ nahelegen würde, und sie sind auch nicht mit dem Begriff „Heimat“ fassbar.

Außerdem heißt ein Buch über Migration zu schreiben, über vieles nicht zu schreiben. Zum Beispiel über Integration. In einigen Fragen wird das Thema Integration angesprochen werden, da es in bestimmten Bereichen mit Migration und damit, wie wir Migration verstehen, verbunden ist. Dieses Buch ist aber kein Buch, dass Formen der Integration vorstellt, ihre Bedeutung für eine Gesellschaft diskutiert oder Gelingensbedingungen präsentiert. Mit dem Thema Integration beschäftigen sich andere, auf die ich dort, wo es sinnvoll ist, verweise.

Dass es eine Herausforderung ist, ein Buch über Migration zu schreiben, liegt schließlich auch daran, dass ich mich als Autorin im Spannungsfeld zwischen der Darstellung und Unterscheidung von Phänomenen auf der einen Seite und der Reproduktion bestimmter, damit verbundener Stereotype und der Fixierung von Unterschieden auf der anderen Seite bewege. Wenn ich zum Beispiel von Migrantinnen und Migranten spreche, die in eine ihnen neue Gesellschaft einwandern, stelle ich sowohl die Migrant:innen als einheitliche Gruppe dar als auch die Gesellschaft, in die eingewandert wird. Dass aber weder die Migrant:innen noch die Gesellschaften so einheitlich sind, erleben wir alle im Alltag. Letztlich sind es Lebensweisen und Wertvorstellungen, manchmal soziodemographische Merkmale (Geschlechtsidentität, Bildungshintergrund, Alter etc.), die einander als gemeinsame Gruppe erleben lassen. Dennoch ist es für den Zweck dieses Buches unerlässlich, derartige Unterscheidungen zu verwenden und mit ihnen zu arbeiten. Denn ich richte den Blick in jeder der Fragen auf das, für das Migration einen Unterschied macht. Und hier sind Menschen und Situationen, die von Migration geprägt sind, letztlich dann doch anders als Menschen und Situationen, die dies nicht sind.

Ich bitte daher die Leser:innen dieses Buches, dies zu bedenken, insbesondere dann, wenn ich immer mal wieder recht künstliche Unterscheidungen treffe. Hilfreich kann es daher sein, als Erstes meine Antwort auf die Frage zu lesen, ob wir in einer Migrationsgesellschaft leben. Denn in der Antwort wird deutlich, auf welche Weise Migration unser Leben betrifft, auch wenn nur 3,6 % der Weltbevölkerung selbst migrieren.

Anna-Lisa Müller

Was die verwendeten Symbole bedeuten

Toni verrät spannende Literaturtipps, ▶ Videos und Blogs im World Wide Web.

Die Glühbirne zeigt eine Schlüsselfrage an, deren Antwort unbedingt lesenswert ist.

Die Lupe weist auf eine Expert:innenfrage hin. Hier geht die Antwort ziemlich in die Tiefe. Sie richtet sich an alle, die es ganz genau wissen wollen.

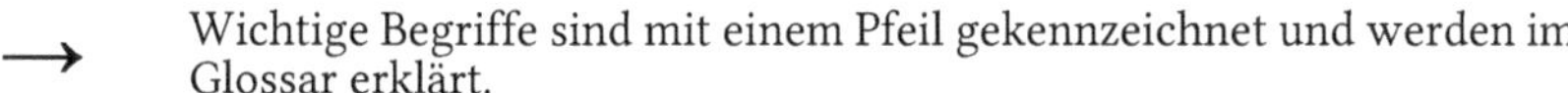

→ Wichtige Begriffe sind mit einem Pfeil gekennzeichnet und werden im Glossar erklärt.

↠ Der Pfeil mit der doppelten Spitze verweist auf weiterführende Fragen zu diesem Thema.

Zahlen und Fakten über Migration

Weltweite Migrationsbewegungen

3,6%

der Weltbevölkerung sind migriert. Die restlichen 96,4% leben noch in ihrem Heimatland.

281.000.000

Menschen sind 2020 migriert. Das sind 3,5% mehr als im Vorjahr.

Gründe warum Menschen ihr Herkunftsland verlassen

- aus Angst vor Verfolgung
- um Arbeit zu finden
- um mit der Familie zusammenzuleben

Quellen: Weltweite Migration: World Migration Report 2022, https://worldmigrationreport.iom.int/wmr-2022-interactive/, Stand März 2024
Migrationshintergrund: Destatis – Statistisches Bundesamt, https://www.destatis.de/DE/Themen/Gesellschaft-Umwelt/Bevoelkerung/Migration-Integration/Tabellen/liste-migrationshintergrund-geschlecht.html#116670, Stand: April 2023;
Staatsangehörigkeit: Destatis – Statistisches Bundesamt, https://www.destatis.de/DE/Themen/Gesellschaft-Umwelt/Bevoelkerung/Migration-Integration/Tabellen/auslaendische-bevoelkerung-geschlecht.html, Stand: Juni 2023

Migration in Deutschland

Die Kategorie „Migrationshintergrund" wird in Deutschland erst seit 2005 verwendet. Vorher wurde lediglich zwischen Menschen mit deutscher und ausländischer Staatsbürgerschaft unterschieden. Die folgenden Daten zur Bevölkerung in Deutschland stammen aus dem Jahr 2022.

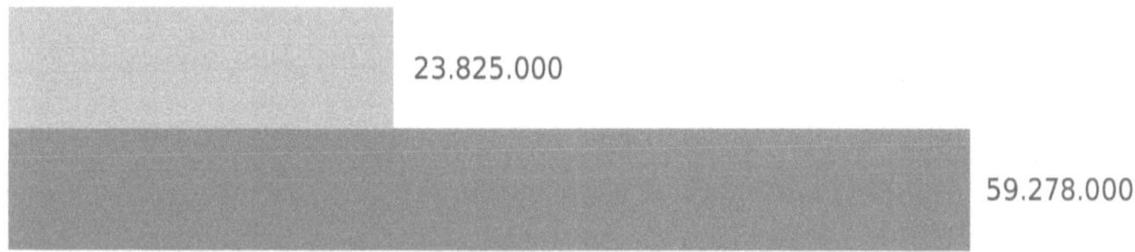

mit Migrationshintergrund
ohne Migrationshintergrund

Von diesen Kontinenten kommen die Menschen nach Deutschland

Die Mehrheit der Migrant:innen, die in Deutschland leben, haben eine Staatsangehörigkeit eines europäischen Staates. Sie kommen z. B. aus der Schweiz, Österreich, Spanien, Griechenland, Polen, Rumänien, Italien, Kroatien, Frankreich. Die folgenden Zahlen zu den nach Deutschland kommenden Migrant:innen stammen aus dem Jahr 2022.

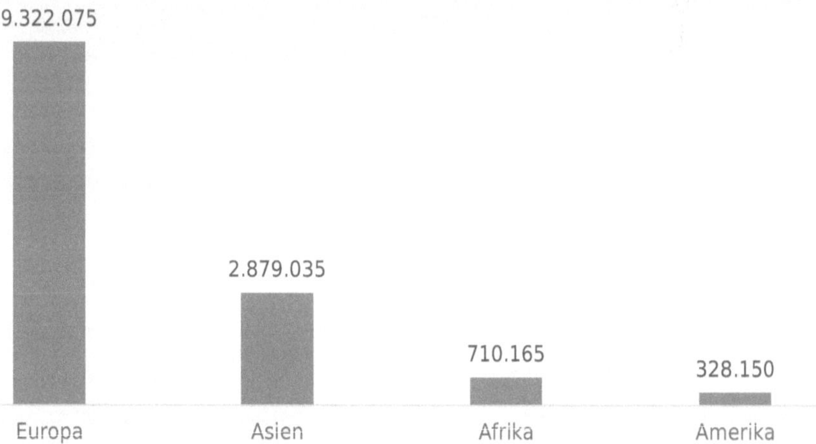

Obwohl die überwiegende Mehrheit der in Deutschland lebenden Migrant:innen aus europäischen Ländern kommt, erscheint dies in der medialen und öffentlichen Debatte oft anders: Dort wird sehr viel über Migrant:innen aus afrikanischen Staaten, z. B. Marokko, und aus asiatischen Staaten, wie etwa Afghanistan und Syrien, gesprochen.

Aktuelles Beispiel – Krieg, Corona und die Auswirkungen auf Migration

Für Menschen, die im Jahr 2024 in Deutschland leben, trifft das Thema dieses Buches auf unerwartete Weise mitten in das Herz zweier aktueller Krisenerfahrungen. Zum einen ist da der Krieg zwischen der Ukraine und Russland, der mit dem russischen Angriff am 24. Februar 2022 einsetzte. An diesem Tag wurde ein militärischer Angriff auf ein fremdes → Territorium begonnen. Grenzen wurden von Soldat:innen und Ausrüstung überschritten, Grenzen wurden mit Soldat:innen und Ausrüstung verteidigt. Und Menschen begannen zu fliehen: zunächst innerhalb der Ukraine Richtung Westen, dann zunehmend über Staatsgrenzen hinweg in andere Staaten, in denen sie sich sicher fühlten. Auch aus Russland flohen Menschen in andere Staaten, und alle diese Menschen wurden zu Migrant:innen. Sie hielten mit Menschen in ihrem Herkunftsland mithilfe von sozialen Medien Kontakt, sie erhielten im Aufenthaltsland befristete Aufenthaltsgenehmigungen, arbeiteten zum Teil aus der Ferne weiter in ihren Jobs. In den Aufnahmeländern organisierten sich Menschen zu Unterstützungsgruppen, halfen als Übersetzer:innen, stellten ihre Wohnungen als Unterkünfte zur Verfügung. Es kam aber auch zu Anfeindungen, Diskriminierungen und Konflikten zwischen der einheimischen Bevölkerung und den Migrant:innen. Damit verweist diese Fluchtmigration, wie wir sie ab Februar 2022 beobachteten und zum Teil selbst erlebten, auf viele Bereiche des Themenfeldes Migration, das Gegenstand dieses Buches ist. Denn Migration ist mit vielen anderen Themen verbunden: mit nationalstaatlichen Grenzen und ihren Sicherungssystemen, mit Fragen von Aufenthaltsrecht und Geopolitik, mit dem Arbeitsmarkt und Bildungseinrichtungen, aber auch mit der Bedeutung von Sprache und Medien für Migration und Migrationsentscheidungen.

Die Corona-Pandemie wiederum, die das Alltagsleben aller Menschen seit 2020 verändert hat, führte uns vor Augen, wie angreifbar ein vermeintlich grenzenloses Leben in der heutigen Zeit ist. Sie hat nicht nur das Miteinander vor Ort geprägt, sondern sie hat uns allen verdeutlicht, dass wir in einer weltweit vernetzten Welt leben, in der grenzüberschreitende Beziehungen Normalität sind. Lockdowns in Agrar- und Industriebetrieben in Asien führten dazu, dass es in Europa zu Lieferengpässen von Lebensmitteln und Produktionsstopps von Gütern kam. Maßnahmen zur Reduktion von

Infektionen erzeugten neue Interaktionsformen, die physische Präsenz am selben Ort nicht nötig machten und uns lehrten, einigermaßen souverän mit digitalen Technologien umzugehen. Einreise- und daran gekoppelte Quarantänebestimmungen führten zu einem veränderten Reiseverhalten. Saisonarbeitskräfte konnten nicht mehr nach Deutschland einreisen, migrantische Arbeitskräfte auf Frachtschiffen konnten nicht mehr in ihre Wohnorte zurückkehren, da die Schiffe nicht anlegen durften. Der Umgang mit dem Sars-CoV-2-Virus machte weltweit sehr deutlich, welche Bedeutung territoriale, d. h.: nationalstaatliche, Grenzen im sozialen, politischen, ökonomischen Leben heute aufweisen. Migration war hier ein Thema, das auf andere Weise als sonst in den Blick geriet: Grenzschließungen etwa innerhalb der Europäischen Union sowie intensivierte Grenzkontrollen weltweit und zum Teil vollständige Schließungen von Regionen und Orten für Mobilität in allen Bereichen (Freizeit, Arbeit, Handel) zeigten uns, wie sehr Gesellschaften von räumlicher Mobilität geprägt sind.

Räumliche Mobilität ist der Oberbegriff für das Phänomen, zu dem Migration gehört und das verschiedene Formen der Bewegung von Menschen im geographischen Raum umfasst. Und Migration und migrierende Personen waren von der Pandemie und den zu ihrer Eindämmung eingesetzten Maßnahmen in besonderer Weise betroffen: Nicht nur waren Urlaubs- oder Dienstreisen in ein anderes Land nicht oder nur mit Umständen und zusätzlichen Genehmigungen möglich. Menschen, die in einem anderen Staat eine Arbeitsstelle aufnehmen wollten, mussten in ungekannter Weise den Grenzübertritt organisieren, wenn er überhaupt möglich war. Besuche bei Verwandten im Ausland, selbst zu besonderen Ereignissen wie Todesfällen und Hochzeiten, waren schwierig. Und Menschen, die die Lebensverhältnisse in ihrem Heimat- oder aktuellen Aufenthaltsland nicht mehr ertrugen und migrieren oder fliehen wollten, waren an ihre aktuellen Lebensorte gebunden oder mussten (meist illegale) Wege finden, diese zu verlassen. Und Menschen auf der Flucht fanden sich an Orten wieder, die als Durchgangsstationen gedacht waren und sich während der Pandemie als ungeplant dauerhafte Aufenthaltsorte herausstellten.

Der Krieg in der Ukraine und die Pandemie zeigen, so unterschiedlich sie als Beispiele sind, wie sehr Migration im Besonderen und räumliche Mobilität im Allgemeinen unsere heutige Zeit prägen und Teil unserer alltäglichen, als normal empfundenen Lebensrealität sind. Sie zeigen außerdem, wie stark ihr prägendes Merkmal, der Grenzübertritt, sie be- oder verhindern kann. Und beide Beispiele machen deutlich, mit wie vielen anderen Phänomenen Migration verbunden ist: mit dem Arbeitsleben, dem weltweiten Handel und der Ökonomie, mit politischen Beziehungen, mit gesellschaftlichen Lebensverhältnissen und individuellen Lebenswünschen, mit Grenzen, Infrastrukturen und letztlich auch der Natur, die, wie im Fall des Sars-CoV-2-Virus, das menschliche Leben beeinflusst.

Linktipp | Die Migrationsforscherin Melissa Siegel stellt in ihrem Youtube-Kanal (https://www.youtube.com/c/MelissaSiegelMigration/featu red) verschiedene Aspekte von Migration vor und diskutiert sie in Zusammenhang mit anderen gesellschaftlichen Themen wie Politik, Wirtschaft, Sport oder Bildung. Unter anderem behandelt sie dort auch die Wirkungen der Covid-19-Pandemie auf Migration.

Migration: das Phänomen

Migrationsbewegungen gibt es in viele Richtungen, innerhalb eines Landes und über Grenzen hinweg. Was der Begriff Migration genau umfasst, erklärt dieses Kapitel. Dabei werden auch verschiedene Merkmale von Migration besprochen sowie die Bezeichnung „Migrationshintergrund“ erklärt.

Was ist Migration?

Als Migration bezeichnet man eine besondere Form der Bewegung durch den Raum. Menschen bewegen sich zwischen Orten und überwinden Distanzen. In der Wissenschaft wird Migration als eine besondere Form von räumlicher Mobilität bezeichnet: diejenige, bei der ein Mensch den Wohnsitz dauerhaft in ein anderes Land verlagert. Im Alltagssprachgebrauch wird Migration allerdings als Sammelbegriff für sehr viele Formen der räumlichen Mobilität verwendet.

Versteht man Migration als räumliche Mobilität, d. h. als räumliche Bewegung zwischen Orten, so ist die internationale oder Außenmigration von der internen oder Binnenmigration zu unterscheiden. Das Kriterium für die Unterscheidung ist das Überschreiten nationalstaatlicher → Grenzen. Im Fall der internationalen Migration werden Grenzen zwischen Nationalstaaten überquert. Dies kann auf unterschiedliche Weise geschehen: mit Verkehrsmitteln wie Eisenbahnen, Flugzeugen, Schiffen oder Autos, zu Fuß, auf legalem Weg oder illegal. Bei der Binnenmigration wird der Wohnsitz innerhalb ein und desselben Bezugsrahmens, in der Regel eines Nationalstaates, verlegt. Damit bleibt der politisch-administrative Kontext, in dem sich eine Person bewegt, gleich. Dies ist etwa für aufenthaltsrechtliche Fragen von Belang: Als Binnenmigrantin mit deutscher Staatsbürgerschaft muss ich mich innerhalb Deutschlands nicht um eine Aufenthaltserlaubnis, ein Visum oder ähnliches kümmern. Anders ist es, wenn ich z. B. in die USA und damit international migriere. Um dort leben zu können, muss ich mich an das dort geltende → Aufenthaltsrecht halten und z. B. über meinen Arbeitgeber ein Arbeitsvisum vorweisen können.

Zudem hat sich international eine zeitliche Unterscheidung etabliert, um Migration von anderen Phänomenen der räumlichen Mobilität zu unterscheiden, zählbar und vergleichbar zu machen: Als Migrantin oder Migrant werden Menschen klassifiziert, die ihren Wohnsitz für ein Jahr oder mehr an einen anderen Ort verlagern.

Wie lässt sich Migration klassifizieren?

Klassifizierungen von Migration können immer erst im Nachhinein (*ex post*) vorgenommen werden. Das liegt daran, dass es neben den räumlichen auch zeitliche Kriterien gibt, anhand derer entschieden wird, ob Menschen lediglich international mobil sind oder tatsächlich migrieren und auf Dauer ihren Wohnsitz verlagern. Eine räumliche Bewegung, die weniger als drei Monate dauert, wird als räumliche Mobilität, aber nicht als Migration bezeichnet. Zwischen drei und zwölf Monaten spricht man von temporärer internationaler Migration, ab zwölf Monaten von internationaler Migration. Diese Unterscheidung kann allerdings erst im Nachhinein als Kriterium angelegt werden, da zu dem Zeitpunkt, an dem eine Person aufbricht, um in ein anderes Land zu gehen, noch nicht klar ist, ob die Person tatsächlich länger als zwölf Monate an einem anderen Ort leben wird, und wenn ja, an welchem. Sie kann sich nach einigen Monaten entscheiden, wieder in ihr Herkunftsland zurückzukehren. Oder sie entscheidet sich, nach einigen Wochen im Zielland noch einmal umzuziehen und in ein weiteres Land zu migrieren. Derartige zeitliche Muster lassen sich daher erst nachträglich verlässlich identifizieren und zur Beschreibung von Migrationsbewegungen nutzen. Dies hat dann auch Konsequenzen für die statistischen Daten über die Anzahl der Migranten und Migrantinnen an einem Ort oder in einem Land. Diese Daten sind also mit diesem Wissen zu lesen.

Linktipp | Zwei wichtige Organisationen, die sich mit Migration beschäftigen und Material und Berichte zu diesem Thema zur Verfügung stellen, sind die Vereinten Nationen (UN) und die Internationale Arbeitsorganisation (ILO). Beide Einrichtungen dienen international auch als wichtige Referenz, wenn es darum geht, zu bestimmen, wie Migration definiert wird. Bei der UN findet sich ein sehr breites Verständnis von Migration, das darunter alle Phänomene von Binnen- zu internationaler Migration und kurzzeitiger zu dauerhafter Migration fasst (https://www.iom.int/about-migration). Die ILO dagegen verwendet eine engere Definition und versteht unter Migration ausschließlich die internationale Migration über Staatsgrenzen hinweg (https://ilostat.ilo.org/resources/concepts-and-definitions/description-international-labour-migration-statistics/). Beiden Definitionen ist aber zueigen, dass die Gründe der Migration keine Rolle spielen; es geht lediglich um die räumliche Mobilität der Menschen.

Welche Typen von Migration gibt es?

Menschen migrieren aus unterschiedlichen Gründen, und so liegen unterschiedliche Typen von Migration vor. Es lassen sich die freiwillige von der unfreiwilligen Migration unterscheiden. In ersterem Fall entscheiden sich Menschen aus freien Stück, für eine bestimmte Zeit oder für immer in ein anderes Land zu ziehen. Dies ist der Fall, wenn von Berufs wegen migriert wird oder um mit Familienangehörigen am selben Ort zu leben. In zweiterem Fall, der unfreiwilligen Migration, liegen äußere Umstände vor, die eine Person zur Migration nötigen, etwa politische Unruhen, Verfolgung oder (Bürger-)Krieg.

Dann gibt es die Unterscheidung nach räumlichen und zeitlichen Mustern. Hier lassen sich die → transnationale von der internationalen und der Pendelmigration unterscheiden. In diesem Fall unterscheiden sich die Typen der Migration danach, ob die Menschen einmalig in ein anderes Land umziehen (internationale Migration), sich wiederholt zwischen Orten in unterschiedlichen Ländern bewegen (Pendelmigration) oder ob sie dezidiert Beziehungen zu Menschen in ihrem Herkunfts- und ihrem aktuellen Aufenthaltsland aufrechterhalten (transnationale Migration).

Darüberhinaus lassen sich aus der Perspektive eines Nationalstaates drei Typen von Migration unterscheiden: die → Emigration, die → Immigration und die → Remigration. Im Fall der Emigration (Auswanderung) wird aus Sicht des Staates, aus dem ausgewandert wird, gesprochen. Im Fall der Immigration (Einwanderung) wird die Perspektive des Staates eingenommen, in die eingewandert wird. Und im Fall der → Remigration (Rückkehr) richtet sich der Blick auf die Beziehung zwischen zwei Staaten und auf die Tatsache, dass ein Mensch in das Herkunftsland zurück migriert.

Wenn man von Typen von Migration spricht, kann man demnach danach unterscheiden, aus welchen Gründen *oder* mit welchen räumlichen und zeitlichen Mustern *oder* aus welcher Perspektive aus gesehen jemand migriert.

Welche räumlichen Muster gibt es?

Alle Typen der Migration weisen charakteristische räumliche Merkmale auf. Sie zu benennen hilft, um die verschiedenen Migrationsformen voneinander zu unterscheiden. In räumlicher Hinsicht unterscheiden sich die verschiedenen Migrationsformen hinsichtlich ihres Bezugs zu den territorialen Grenzen zwischen Staaten. So ist die internationale Migration eine Bewegung über Staatsgrenzen hinweg. Die Binnenmigration bezeichnet dagegen die räumliche Bewegung innerhalb eines Staatsgebietes. Recht verbreitet ist zudem ein räumliches Muster, das beide Migrationsformen miteinander verbindet: die Migration innerhalb eines Nationalstaates (Binnenmigration) mit der Migration in einen anderen Staat (internationale Migration). So kommt es häufig vor, dass zunächst vom ländlichen Raum in eine Stadt migriert wird und von dieser Stadt dann in ein anderes Land. Gerade in Ländern des Globalen Südens sind Städte des Herkunfts- oder des zwischendurch besuchten Transitlandes häufig solche Orte, von denen aus aufgebrochen wird (Hathat 2021; Düvell, Molodikova, und Collyer 2014). Dies kann man etwa auf soziale Netzwerke zurückführen, die dort vorhanden sind, aber auch auf bessere Arbeitsmöglichkeiten, die es erlauben, Geld für die Weiterreise zu verdienen. Oder Kontaktmöglichkeiten zu Personen, auch Schleppern oder Schleusern, um weiterzureisen.

Die zentralen räumlichen Muster der Migration lassen sich dann noch hinsichtlich ihrer Richtungen ausdifferenzieren und sind dann:

- unidirektional,
- bidirektional,
- multidirektional.

Unidirektional ist die Migration, wenn die räumliche Bewegung einmalig in eine Richtung geschieht, z. B. wenn ich aus Deutschland nach Österreich migriere und dort bleibe. Damit bin ich einmal von einem Staat in einen anderen und damit international migriert.

Bidirektional ist die Migration dann, wenn mehrmals und immer in dieselben Richtungen migriert wird. Wenn ich also beispielsweise aus meinem Herkunftsland Spanien zum Arbeiten nach Griechenland migriere, von dort für ein zweijähriges Aufbaustudium nach Spanien zurückkehre, dann mein Arbeitsleben in Griechenland fortsetze und nach der Pensionierung wieder in Spanien ansässig werde.

Multidirektional schließlich ist Migration, wenn sich in unterschiedliche Richtungen bewegt wird, wenn ich also beispielsweise aus Spanien nach Griechenland migriere, dort einige Jahre arbeite, dann einem Jobangebot nach Thailand folge und nach mehreren Jahren nach Chile migriere, um bei der Familie meiner Partnerin zu leben.

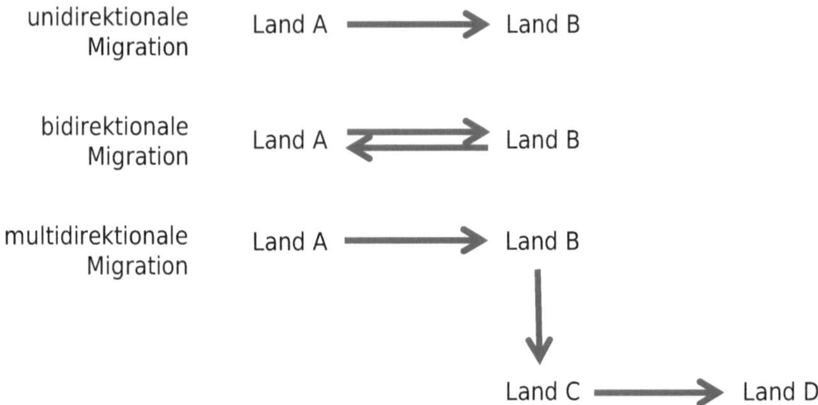

Abbildung 1 | Verschiedene Richtungen von Migration

Welche zeitlichen Muster gibt es?

Um Migrationsphänomene noch besser beschreiben zu können, werden zeitliche Differenzierungen benutzt. Die zeitliche Differenzierung ist die zwischen dauerhaften (permanenten) und zeitlich begrenzten (temporären) Aufenthalten an einem anderen Ort. Im Fall der Pendelmigration handelt es sich um zeitlich begrenzte und damit temporäre Aufenthalte in einem Zielland, denen eine ebenfalls zeitlich begrenzte Rückkehr in das Herkunftsland folgt. Anschließend wiederholt sich dieser Vorgang, so dass wir es mit einem Kreislauf der räumlichen Bewegung zu tun haben.

Im Fall der internationalen Migration wird bezüglich der zeitlichen Dimension noch eine weitere Unterscheidung getroffen: Die Aufenthaltsdauer in einem Land wird berücksichtigt. Das bedeutet, dass sich das, was wir Migration nennen, noch weiter ausdifferenziert, wenn wir die Dauer, die Ortswechsel haben, einbeziehen. Auf diese Weise wird zum Kriterium, wie lange jemand an einem anderen Ort ist. Als internationale Migration zählt dann, wenn sich eine Person von einem Land in ein anderes bewegt hat und sich dort mindestens zwölf Monate aufgehalten hat.

Die Dimension Zeit ist auch bei der → Remigration zentral. Hier gibt es die dauerhafte Rückkehr in das ursprüngliche Herkunftsland. Daneben gibt es auch noch die zirkuläre Rückkehrmobilität, auch temporäre Rückkehrmobilität genannt. Damit wird der Umstand bezeichnet, dass ausgewanderte, also emigrierte Personen wieder in das Herkunftsland zurückkehren, aber dort nicht dauerhaft bleiben, sondern nach einer gewissen Zeit wieder emigrieren – entweder in das Land, aus dem sie kamen, oder in ein anderes.

Welche zeitliche Einteilung von Migration kennen die Vereinten Nationen und was ist der Nachteil dieser Einteilung?

Die Vereinten Nationen (UN) verwenden folgende, international anerkannte Unterscheidungen, um die zeitlichen Merkmale von Migration und Mobilität zu bestimmen: Bei einem Wechsel vom Ort A im Herkunftsland zum Ort B im Zielland und dem Aufenthalt an diesem Ort B von weniger als 3 Monaten spricht man von internationaler Mobilität. Sind es mehr als 3, aber weniger als 12 Monate, spricht man von temporärer internationaler Migration. Sind es 12 Monate und mehr, spricht man von internationaler Migration (United Nations 2016).

Zeitliche Unterteilungen dieser Art machen die Bestimmung von Migration allerdings etwas unübersichtlich und daher schlechter handhabbar. Das ist ein Grund, warum die International Organization for Migration (IOM) explizit auf eine zeitliche Einteilung verzichtet und sich auf das Verlassen des Wohnortes als Bestimmungsmerkmal für Migration konzentriert. Damit verwendet die Einrichtung einen sehr weiten Begriff von Migration und erkennt damit auch die Schwierigkeiten an, die durch die kleinteilige zeitliche Strukturierung der Definition entstehen (International Organization for Migration 2024).

Welche sozialen Merkmale hat Migration?

Die sozialen Merkmale von Migration betreffen einmal die Individuen selbst und einmal die Gesellschaft. Migration hat für Individuen spezifische soziale Merkmale: Diejenigen, die migrieren, lassen bekannte Personen oder Familienangehörige zurück und gehen im Verlauf der Migration neue Bindungen ein. Sie verändern sich selbst im Prozess der Migration, da sie Neues kennenlernen, sich an veränderte Bedingungen anpassen und spezifische Erfahrungen machen. Sie fühlen sich möglicherweise durch die Migrationserfahrung verschiedenen Gesellschaften und Orten zugehörig, da sie Teil von → transnationalen sozialen Räumen geworden sind. Und auch die Angehörigen und Freunde der Migrant:innen werden, zumindest mittelbar, von der Migration geprägt: Mutter oder Sohn, Cousine oder Freund verlassen den gemeinsamen Wohnort und sind nicht mehr Teil des gemeinsamen Alltags vor Ort.

Auf gesellschaftlicher Ebene hat die Migration soziale Merkmale für Herkunfts-, Transit- und Ankunftsgesellschaften. Hier werden Gemeinschaften verändert, indem Menschen weggehen bzw. hinzukommen. Dies kann sich beispielsweise in lokalen Sportvereinen zeigen. Durch die veränderten gesellschaftlichen Situationen können sich dann auch politische Verhältnisse ändern, beispielsweise wenn durch den Zuzug von EU-Staatsbürger:innen in eine Kommune mehr Menschen auf kommunaler Ebene wahlberechtigt sind.

Welche ökonomischen Merkmale hat Migration?

Migration hat verschiedene ökonomische Merkmale. Auf Seite der Migrantinnen und Migranten gibt es ökonomische Gründe, die sie migrieren lassen: Sie haben die Aussicht auf eine Arbeitsstelle mit besseren Verdienstmöglichkeiten oder auf einen Lebensmittelpunkt, an dem sie mit dem zur Verfügung stehenden Geld (besser) leben können. Außerdem unterstützen viele ihre Angehörigen oder Freunde, die in einem anderen Land leben, mit sogenannten *remittances*, Rücküberweisungen. Auf der Seite der Einwanderungsländer wiederum tragen Migrant:innen durch ihre Berufstätigkeit zum Bruttoinlandsprodukt bei oder sind als Sozialleistungsempfänger:in diejenigen, die finanzielle Unterstützung erhalten. Ein Staat kann also ökonomisch von → Immigration sowohl profitieren als auch belastet sein.

Auf der Seite der Auswanderungsländer wiederum findet ein ökonomischer Verlust statt, wenn die Emigrant:innen vom Staat ausgebildet wurden, aber nicht als Berufstätige zum Bruttoinlandsprodukt beitragen. Ein ökonomischer Gewinn findet in diesen Ländern allerdings in den Fällen statt, in denen Rücküberweisungen vorgenommen werden. Diese machen in einigen Staaten einen guten Teil des jeweiligen Bruttoinlandsproduktes aus. Schließlich profitieren Arbeitgeber von migrierenden Arbeitnehmer:innen, und auch Geldtransferanbieter und Banken erzielen ökonomischen Gewinn aus Geldtransfers.

Diese finanzielle Unterstützung zu betrachten ist wichtig, um zu verstehen, dass Menschen oft nicht ausschließlich um ihrer selbst Willen migrieren, sondern ihre Migration in ein größeres Geflecht von Interessen, Beweggründen, Zwecken und Motiven eingebunden ist. Zudem tragen sie durch ihre Arbeitskraft zum Bruttoinlandsprodukt ihres Aufenthaltslandes, aber oft auch ihres Herkunftslandes bei, und haben damit große wirtschaftliche Bedeutung.

Was sind remittances?

Ein wichtiges ökonomisches Merkmal von Migration sind die sogenannten *remittances*. Damit werden Rücküberweisungen von Migrantinnen und Migranten bezeichnet, die an Familienangehörige oder Bekannte in ihrem Herkunftsland gehen. Diese finanziellen Zuwendungen sind sowohl für die Menschen vor Ort als auch für die Staaten, in denen sie leben, eine wichtige finanzielle Ressource. Für die Menschen sind sie eine Unterstützung, um den Alltag finanziell zu bewältigen und den Lebensunterhalt bestreiten zu können. Für die Staaten haben Geldtransfers dieser Art eine beträchtliche Bedeutung für das jeweilige Bruttoinlandsprodukt der Herkunftsstaaten der Migrant:innen. So machten solche Geldüberweisungen aus dem Ausland in europäischen Staaten wie Albanien oder Armenien im Jahr 2020 bis zu 10 % des Bruttoinlandsproduktes aus, wie Schätzungen der Weltbank zeigen (World Bank 2024). Hier sind es sowohl Beschäftigungen im formellen als auch im informellen Sektor, die zu dieser Wertschöpfung beitragen. Schließlich profitieren auch die global agierenden Geldtransferanbieter von den Rücküberweisungen, da sie etwa Gebühren für Überweisungen und den Umtausch in andere Währungen erheben. Um die Bedeutung von *remittances* insbesondere für sehr arme Menschen hervorzuheben, hat die Vollversammlung der Vereinten Nationen den 16. Juni zum International Day of Family Remittances (IDFR) erkoren.

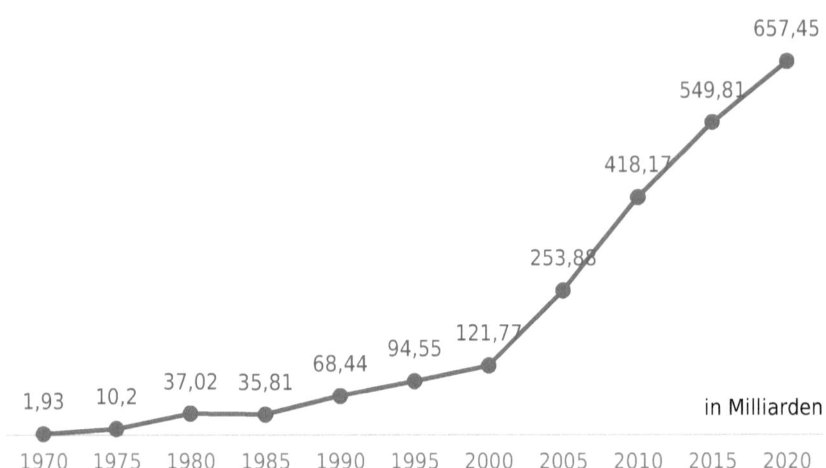

Abbildung 2 | Weltweite Entwicklung der Rücküberweisungen von 1970 bis 2020 in US-Dollar (eigene Darstellung, Datenquelle: https://data.worldbank.org/indicator/BX.TRF.PWKR.CD.DT?end=2022&start=1970&type=shaded&view=chart)

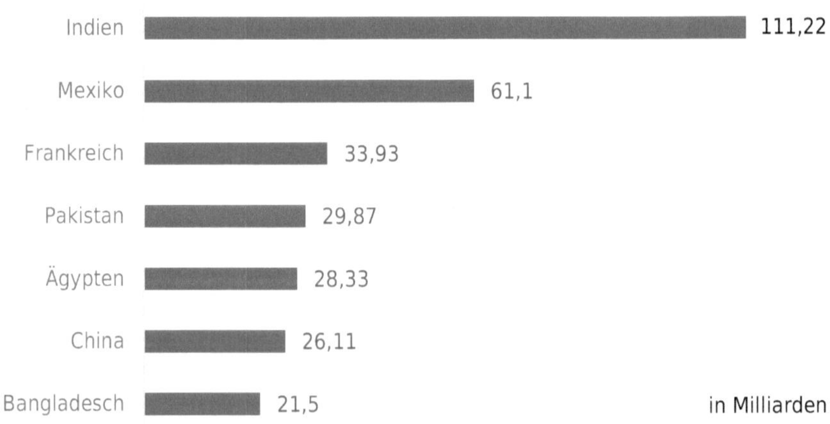

Abbildung 3 | Staaten mit den höchsten Rücküberweisungen in 2022 in US-Dollar (eigene Darstellung, Datenquelle: https://data.worldbank.org/indicator/BX.TRF.PWKR.CD.DT?end=2022&start=1970&type=shaded&view=chart)

Warum migrieren Menschen?

Die Gründe für Migration sind unterschiedlicher Natur, und sie sind mit spezifischen Motiven verbunden. Einige Motive betreffen die Lebensweise eines Menschen und seine oder ihre Aspirationen, die anderen Leib und Leben. Man kann diese Motive für Migration daher vier Kategorien von Gründen zuordnen: soziale, politische, ökonomische und ökologische Gründe (siehe Tabelle).

	politisch	sozial	ökologisch	ökonomisch
Grund	■ (Bürger-) Kriege ■ Verfolgung ■ zivilgesellschaftliches Engagement	■ Lebensweisen ■ Aspirationen ■ Familie, Freunde	■ Klimatische Verhältnisse inkl. Klimawandel ■ Präferenzen für Natur/Landschaft ■ ökologisches Engagement/ Naturschutz	■ Arbeitsplätze ■ Verdienstmöglichkeiten ■ Aufsteigschancen/ Karriere
Motiv	■ Schutz (von sich selbst oder anderen)	■ (Selbst-) Verwirklichung	■ Schutz (von sich selbst oder anderen)	■ (Selbst-)Verwirklichung

Tabelle 1 | Gründe und Motive für Migration

Unter die sozialen Gründe fallen individuelle, gruppenbezogene und familiäre Gründe, unter die politischen Gründe lassen sich (Bürger-)Kriege, politische Verfolgung oder Unterdrückung subsumieren. Aber auch das zivilgesellschaftliche Engagement für eine Sache bringt Menschen dazu, zu migrieren, etwa wenn sie sich für bessere Lebensverhältnisse in Ländern des Globalen Südens einsetzen und sich dafür vor Ort engagieren wollen. Im Fall der ökologischen Gründe wird die räumlich-geographische Facette von Migration noch einmal ganz besonders wichtig: Da nicht alle Regionen der Welt gleichermaßen von ökologischen Veränderungen und Phänomenen wie Extremwetterereignissen, Klimawandel u. ä. betroffen sind, sind die ökologischen Gründe für Migration weltweit auch ungleich verteilt (→ Wie hängen Klimawandel und Migration zusammen?).

Die Kategorisierung nach Gründen ist eine Unterscheidung, die man zusätzlich zu zeitlichen oder räumlichen Mustern einziehen kann. Sie macht die Betrachtung des Phänomens der Migration als sozialräumlichen Prozess noch ausdifferenzierter. Dabei ist wichtig zu beachten, dass sich in vielen Fällen die Motive und Gründe für Migration überlagern und es nicht nur einen Grund gibt, warum jemand ein Land verlässt. Zudem können im Lauf der Migration weitere oder andere Gründe hinzukommen, die eine Person darin bestärken, nicht in ihr Herkunftsland zurückzukehren.

Was bedeutet die Unterscheidung zwischen freiwilliger und unfreiwilliger Migration?

Eine besondere Unterscheidung, die man zur Bestimmung von Migration treffen kann, ist die Unterscheidung von freiwilliger und unfreiwilliger Migration. Damit ist gemeint, dass die Entscheidung für oder gegen das Verlassen des Herkunftslandes und damit für oder gegen die Bewegung an einen anderen Ort entweder selbst gewählt oder von äußeren Zwängen auferlegt sein kann. Politische Verfolgung und (Bürger-)Kriege führen oft zu unfreiwilliger, d. h. erzwungener, Migration. Ebenso der Klimawandel, wenn durch ihn bestimmte Regionen unbewohnbar werden. In diesen Fällen sind es externe Akteure und Konstellationen, die das Weiterleben am Ort in einem bestimmten Land und einer Region für einen Menschen unmöglich sein lassen, weil er kurz- oder mittelfristig um sein Leben fürchtet. Dabei kann es auch das Mitdenken für Familienangehörige, etwa Kinder oder jüngere Geschwister, sein, die dazu führen, dass migriert wird. Als freiwillig wird demgegenüber die Migration bezeichnet, die in erster Linie aus eigenem Antrieb geschieht. Dies ist der Fall, wenn jemand ins Ausland umzieht, um einen neuen Job anzunehmen, oder zur Familie, die im Ausland lebt. Auch die Vorstellung, an einem anderen Ort die eigene Lebensweise besser ausleben zu können, gehört zu den Gründen für die freiwillige Migration. Allerdings ist auch die Kategorie der Freiwilligkeit nicht eindeutig, da der Arbeitsplatzwechsel auch mit ökonomischem Zwang einhergehen kann oder die Familienzusammenführung mit der Notwendigkeit, sich um die älter werdenden Eltern im Ausland zu kümmern. Die Unterscheidung von freiwilliger und unfreiwilliger (oder erzwungener) Migration ist damit auch eine, die bei genauerer Betrachtung kaum trennscharf zu vollziehen ist.

In der öffentlichen und politischen Debatte wird die Unterscheidung zwischen freiwilliger und unfreiwilliger Migration häufig verwendet, um politische Maßnahmen oder gesellschaftliches Handeln zu legitimieren. Unfreiwillig Migrierende werden dann etwa als besonders schutzbedürftig verstanden und es werden zum Teil Unterstützungsprogramme eingerichtet, die jenseits formaler Strukturen existieren, während freiwillig Migrierenden die Verantwortung für ihr Leben in der neuen Gesellschaft zugewiesen oder ihnen die Berechtigung, ohne Einreiseerlaubnis vor Ort zu sein, abgesprochen wird. 2022 war dies in Europa zu beobachten, als ukrainischen Kriegsflüchtlingen vergleichsweise problemlos → Aufenthaltsrecht und Zugang zu Sozialleistungen zugesprochen wurde, während Migranten und Migrantinnen aus anderen Staaten weiterhin lange und aufwändige bürokratische Prozesse zu durchlaufen hatten (Mediendienst Integration 2023). Dies lag daran, dass die sogenannte „Massenzustrom-Richtlinie" aktiviert wurde, die „im Falle eines Massenzustroms von Vertriebenen" (Amt für Veröffentlichungen der Europäischen Union 2001) besondere Maßnahmen erlaubt, um die Menschen möglichst schnell europaweit zu verteilen und angemessen unterzubringen.

Ist Flucht auch eine Form von Migration?

Ja. → Flucht ist eine besondere Form der räumlichen Mobilität. Menschen fliehen aus Angst vor Verfolgung oder Gewalt und damit in der Regel aus Angst um ihr Leben. Oft fliehen Menschen innerhalb der Regionen, in denen sie leben, und nicht immer überschreiten sie dabei Staatsgrenzen. Ist Letzteres der Fall, kann Flucht als Migration gelten und zählt dann als erzwungene Migration. Laut Vereinten Nationen werden 69 % der Geflüchteten in den Nachbarstaaten des Krisengebiets aufgenommen (UNHCR 2024 (1)).

Fluchtmigration ist eine der Migrationstypen, bei denen Menschen aus Angst um ihre körperliche Unversehrtheit ihr Herkunftsland verlassen.

Die Bedrohung des eigenen Lebens kann unmittelbar oder mittelbar sein: Unmittelbar ist sie, wenn eine Person direkt, etwa von individuellen Angreifer:innen oder von kämpferischen Gruppen, bedroht wird. Eine mittelbare, aber nicht weniger schwerwiegende Bedrohung liegt vor, wenn die Person fürchten muss, im Rahmen oder als Konsequenz von (militärischen) Kampfhandlungen zu Schaden zu kommen oder getötet zu werden.

Die Flüchtlingsorganisation der Vereinten Nationen UNHCR bestimmt einen Flüchtling als jemanden, der oder die eine „gut begründete Furcht hat, aufgrund von Rasse, Religion, Nationalität, politischer Meinung oder Zugehörigkeit zu einer bestimmten sozialen Gruppe vorfolgt zu werden. In den meisten Fällen kann die Person nicht in das Herkunftsland zurückkehren oder fürchtet sich, dies zu tun." (UNHCR 2024 (2), eigene Übersetzung) Als häufigste Gründe für die Flucht gelten laut UNHCR „Krieg and ethnische, Stammes- und religiöse Gewalt".

Diese, auch als Genfer Flüchtlingskonvention bekannte, Bestimmung ist heute weltweit bedeutsam. Denn wenn ein Mensch nach dieser Konvention als Geflüchtete:r anerkannt ist, erhält er oder sie den Flüchtlingsstatus und bekommt damit besonderen Schutz im Aufnahmeland. In Deutschland ist es der Status als Flüchtlingsschutz oder als subsidiärer Schutz. Dies ist im Asylgesetz geregelt (§ 3 Abs. 1 AsylG). Ausgenommen vom Flüchtlingsschutz sind Menschen, die Kriegsverbrechen begangen oder eine besonders schwere, das Gesetz spricht hier von „grausame", Straftat begangen haben. Demzufolge kann ein Anrecht auf Flüchtlingsschutz also durch das eigene Handeln verwirkt werden. Dies ist besonders dann wichtig, wenn im Rahmen von (Bürger-)Kriegen Kriegsverbrechen begangen wurden und die Personen, die sie begangen haben, anschließend aus Angst vor strafrechtlicher Verfolgung in ein anderes Land fliehen, um dort Schutz zu beantragen.

Flucht ist demzufolge eine Form von Migration, da sie die räumliche Bewegung von einem in ein anderes Land beinhaltet. Sie unterscheidet sich aber deutlich von ihr, da ihr ein spezifischer Rahmen durch internationale Vereinbarungen gegeben wird, welche wiederum den Aufenthalt der geflüchteten Menschen in einem anderen Land rechtlich rahmen.

Linktipp | Im FluchtforschungsBlog werden Themen der internationalen Flucht- und Flüchtlingsforschung behandelt. Sie reichen von der Darstellung historischer Entwicklungen über rechtliche Einordnungen und die Nachzeichnung politischer Debatten bis zur Vorstellung von Forschungsergebnissen und der Diskussion ethischer Fragen. Der FluchtforschungsBlog wurde im Januar 2015 von der Flucht- und Flüchtlingsforscherin Ulrike Krause gegründet und wird heute im Rahmen des interdisziplinären Netzwerks Fluchtforschung betrieben (https://fluchtforschung.net/de/blog/).

Was ist die Genfer Flüchtlingskonvention?

Im Jahr 1951 verabschiedeten die Vereinten Nationen (UN) die sogenannte Flüchtlingskonvention. Unter dem Titel „Abkommen über die Rechtsstellung der Flüchtlinge" wird zum einen definiert, wer als Flüchtling gilt, und zum anderen werden die Rechte und Pflichten von Flüchtlingen und den jeweiligen Aufnahmestaaten formuliert. Das Abkommen ist auch als eine Reaktion auf die Erfahrungen des Zweiten Weltkriegs zu verstehen und wurde schon kurz nach der Gründung der Vereinten Nationen (UN) im Jahr 1945 verabschiedet. Bis heute haben 145 Staaten das Abkommen unterzeichnet. Die Genfer Flüchtlingskonvention ist die Grundlage der Arbeit der UNO Flüchtlingshilfe (UNHCR). Diese kümmert sich um Menschen, die von (Bürger-)Krieg, Verfolgung und Bedrohung betroffen sind. Sie arbeitet derzeit in 135 Staaten der Welt. Zu ihren Aufgaben gehört es, Menschen auf der → Flucht mit Unterkunft, oft in Zelten, Nahrungsmitteln, Wasser und medizinischer Unterstützung zu helfen. Neben der unmittelbaren Hilfe für Geflüchtete unterstützt die UNHCR Nationalstaaten dabei, Asylgesetze zu erstellen und die Einhaltung von Gesetzen zum Schutz von Asylsuchenden und Geflüchteten und von Menschenrechten zu kontrollieren. Auf diese Weise prägt die Genfer Flüchtlingskonvention bis heute die Arbeit von Organisationen und Staaten weltweit.

Linktipp | Weitere Informationen zur Genfer Flüchtlingskonvention finden sich auf den Seiten der internationalen UN Refugee Agency (UNHCR): https://www.unhcr.org/ und der deutschen UNO-Flüchtlingshilfe e.V. Dort werden auch unterschiedliche Krisenregionen auf der Welt beschrieben, die Situation der geflüchteten Menschen vorgestellt und übergeordnete Themen und Situationen, etwa die Bedeutung von Dürren für Fluchtbewegungen, dargestellt: https://www.uno-fluechtlingshilfe.de/.

Was bedeutet Diaspora?

Ursprünglich bezeichnete der Begriff der → Diaspora die Gemeinschaft der vertriebenen und oft versklavten jüdischen Menschen in vorchristlicher Zeit (Nieswand 2018). Diese lebten als Diasporagemeinschaft in anderen Staaten, eine Rückkehr in ihr Herkunftsland war nicht möglich. Charakteristisch war für die Gemeinschaften, dass sie religiöse Rituale, kulturelle Gepflogenheiten oder spezifische Praktiken beibehielten oder Objekte aus ihrem Herkunftskontext aufbewahrten und sich in der neuen Gesellschaft darüber eine gemeinsame, geteilte Gemeinschaft schufen. Dadurch wurden sie wiederum innerhalb der Gesellschaft identifizierbar als eine Gruppe, die nach innen starke Bindungen und nach außen Abgrenzungen aufwies.

Später bezeichnete man mit dem Begriff der Diaspora allgemeiner Gruppen von Menschen, die aufgrund von politischer Verfolgung oder Vertreibung in ein anderes Land geflohen waren und dort als Gemeinschaft mit geteiltem ethnischen oder religiösen Hintergrund lebten. Es handelt sich dabei um Exilgemeinschaften, die ohne Aussicht auf Rückkehr in der jeweiligen Aufnahmegesellschaft leben. Der Entwurzelung, die aus der Vertreibung entstand, versuchen sie zu begegnen, indem sie in und mit der Diaspora vor Ort neue Wurzeln schlagen.

Wichtig für die Bezeichnung einer Gemeinschaft als Diaspora ist, dass die Menschen die Rituale, Praktiken, Lebensweisen ihres Herkunftskontextes (das kann eine Gesellschaft ebenso sein wie eine ethnische oder kulturelle Gemeinschaft) weiter praktizieren und versuchen, sich vergleichsweise wenig von den Ritualen und Praktiken der neuen Gesellschaft beeinflussen zu lassen – und sei es nur, dass dies an bestimmten Feiertagen oder mit bestimmten Essensritualen geschieht. Dadurch schafft die Gemeinschaft nach innen eine kollektiv geteilte Identität und grenzt sich nach außen ab (Brubaker 2005; Stielike 2022).

In den (wissenschaftlichen und öffentlichen) Debatten heutiger Zeit wird eher das Konzept der → Transnationalität verwendet, um zu beschreiben, dass Migrant:innen dauerhaft Beziehungen in ihr Herkunftsland aufrechterhalten. Denn mit Transnationalität wird ein ähnliches Phänomen beschrieben wie mit dem Begriff der Diaspora: Bindungen an das Herkunftsland und den kulturellen und sozialen Kontext, aus dem eine Person kommt, werden aufrechterhalten und Teil des Lebens vor Ort. Allerdings sind es nicht ausschließlich Menschen, die durch → Flucht, Vertreibung oder Zwangsumsiedlung in einem anderen Land leben und nicht in ihr Herkunftsland zurückkehren können. Vielmehr kann jeder Mensch transnationale Beziehungen aufweisen, das Konzept umfasst also deutlich mehr Phänomene als das im Vergleich dazu enge Konzept der Diaspora.

Linktipp | Auf den Seiten der Bundeszentrale für politische Bildung findet sich eine Übersicht über Diasporagruppen in Deutschland: https://www.bpb.de/themen/migration-integration/kurzdossiers/259625/diasporagruppen-in-deutschland-leben-im-spannungsfeld-von-aufnahme-und-herkunftsland/.

Was ist transnationale Migration?

→ Transnationale Migration oder auch Transmigration ist eine besondere Form der internationalen Migration. Beobachtet wurde sie erstmals in den 1980er und 1990er Jahren. Die internationale Migration aus karibischen Ländern, Mexiko und den Philippinen in die USA zeigte zwei besondere Merkmale, welche sie von vorherigen Migrationsformen unterschied:

1. Sie war stärker zirkulär als bekannte Migrationen, das heißt, es fanden mehr Bewegungen zwischen Herkunfts- und Zielländern statt als zuvor beobachtet.
2. Deutlich mehr Migrant:innen als vorher wiesen auch nach ihrer Ankunft im Zielland starke Bindungen an das Herkunftsland auf, die über die Zeit aufrechterhalten wurden.

Im Fall dieser Migrant:innen ließen sich ausgeprägte „Austauschbeziehungen zum Heimatland“ (de Lange u. a. 2014, 155) feststellen. Diese Beziehungen, die über die Migrant:innen zwischen dem Herkunfts- und dem Zielland hergestellt wurden, waren, wie man nun sah, Teile von Netzwerken und Gemeinschaften, die über Grenzen hinweg bestanden (für Südostasien und die USA z. B. Ong und Nonini 1997). Die transnationale Migration lässt sich aufbauend auf diesen Beobachtungen als eine besondere Form der internationalen Migration beschreiben, für die man nicht die Dichotomie von Entwurzelung im Herkunftsland und Neuverwurzelung im Zielland verwenden kann.

Der Soziologe Ludger Pries (2001) bezeichnet die Transmigration daher als einen Typus von internationaler Migration, der sich in Zeiten der internationalen Verflechtung und wechselseitigen Abhängigkeiten herausbildet. Pries hebt neben den ökonomischen und politischen insbesondere die sozialen Verflechtungen und Netzwerke als für Transmigration entscheidend hervor. Und da die Netzwerke jeweils lokal angebunden sind – etwa wenn

Familienangehörige in einer bestimmten Stadt in einem anderen Staat leben –, ist ein wichtiger Bestandteil der → transnationalen Migration das Aufrechterhalten der Bindungen zu den Menschen und den Orten und Ländern, in denen die Menschen leben.

Wann hört jemand auf, Migrant:in zu sein?

Rechtlich ist der Status als Migrant:in dann beendet, wenn eine Person die Staatsbürgerschaft des jeweiligen Aufenthaltslandes besitzt. Dann zählt diese Person zu den Einwohner:innen dieses Landes und ist in den Statistiken nicht mehr als Migrantin zu identifizieren. Dieses administativ-statistische Verständnis korrespondiert allerdings wenig mit der verbreiteten Vorstellung von Migrant:in. Vielmehr spielen die Sichtbarkeit der Migrationsbiographie und die Sprachkompetenzen eine Rolle, wenn es aus Sicht der Aufnahmegesellschaft um die Frage geht, ob jemand Migrant:in ist oder nicht. Eine schwarze Person, die immigriert ist, wird in einer mehrheitlich weißen Aufnahmegesellschaft ihr Leben lang als Migrantin verstanden werden. Wir sprechen hier auch davon, dass diese Person als Migrantin ‚gelesen' wird. Einer weißen Person, die anhand ihres Akzentes als nichtdeutsche Muttersprachlerin identifizierbar ist, wird dies in ähnlicher Weise passieren, unabhängig vom Aufenthaltsstatus oder der Staatsangehörigkeit.

Außerdem spielt die Migrationsgeschichte für die Migrantin oder den Migranten selbst eine wichtige Rolle. Die Erfahrungen, in einem oder mehreren anderen Staaten gelebt zu haben und Teil der dortigen Gesellschaft gewesen zu sein, prägt jeden Migranten und jede Migrantin. Diese Migrationserfahrung wiederum beeinflusst dann auch, wie eine Person in der aktuellen Aufnahmegesellschaft lebt, welches Wissen und welche Kompetenzen sie mitbringt und wie sie die Mehrheitsgesellschaft möglicherweise auch herausfordert, indem sie einen anderen Lebensstil mitbringt.

Solche Erfahrungen von Menschen werden auch über Generationen weitergetragen und sind der Grund, warum in Deutschland beispielsweise die Bezeichnung „Migrationshintergrund" eingeführt wurde (→ Was bedeutet die Bezeichnung „Migrationshintergrund"?). Damit sollte fassbar gemacht werden, dass Menschen, deren Eltern oder Großeltern aus einem anderen Staat nach Deutschland eingewandert sind, eine Sozialisation aufweisen, die von den migrantischen Biographien der Vorfahren mitgeprägt ist. Durch die Bezeichnung als Person mit → Migrationshintergrund wird diese Person allerdings auch aus der Gruppe der alteingesessenen Mehrheitsgesellschaft herausgehoben und von ihr unterschieden. Sie bleibt damit in der öffentlichen Wahrnehmung Migrant:in. Und dies auch, wenn sie selbst keine eigene Migrationsgeschichte aufweist, sondern Kind oder Enkel von immigrierten Menschen ist.

Was bedeutet die Bezeichnung „Migrationshintergrund"?

Die Bezeichnung → „Migrationshintergrund" wurde in Deutschland eingeführt, um der Tatsache Rechnung zu tragen, dass viele Menschen eigene oder familiäre Erfahrung mit Migration haben. Als Kategorie wurde die Bezeichnung 2005 in den Mikrozensus aufgenommen, um Personen sichtbar zu machen, die selbst oder deren Familie Migrationsbiographien haben und die bis dahin entweder als Deutsche oder als Ausländer:innen gezählt wurden. Ihre eigene und familiäre Migrationserfahrung war also nicht sichtbar gewesen. Seit 2016 wird in der Statistik in Deutschland mit Migrationshintergrund beschrieben, wenn jemand selbst oder mindestens ein Elternteil die deutsche Staatsangehörigkeit nicht durch Geburt besitzt. Dazu gehören dann in Deutschland folgende „Personengruppen:

1. zugewanderte und nicht zugewanderte Ausländerinnen und Ausländer,
2. zugewanderte und nicht zugewanderte Eingebürgerte,
3. Spätaussiedlerinnen und Spätaussiedler,
4. Personen, die die deutsche Staatsangehörigkeit durch Adoption durch einen deutschen Elternteil erhalten haben,
5. mit deutscher Staatsangehörigkeit geborene Kinder der vier zuvor genannten Gruppen." („Migrationsbericht der Bundesregierung" 2019, 157)

Die Gruppe derjenigen, die auf diese Weise beschrieben wird, ist also sehr heterogen. Sie umfasst sowohl Menschen mit als auch ohne deutsche Staatsbürgerschaft, Menschen mit wie ohne eigene Migrationserfahrung. Dadurch, dass diese Gruppe von Menschen sozialstatistisch erfasst wird, wird sie sichtbar. Und auch die bedeutende Rolle, die Migration in der und für die Gesellschaft der Bundesrepublik Deutschland spielt, wird so sichtbar, und damit auch das, was eine Gesellschaft wie die deutsche auszeichnet: dass in ihr viele Menschen mit Migrationserfahrung leben und sie daher eine → Migrationsgesellschaft ist (→ Was ist eine Migrationsgesellschaft?).

Inzwischen hat der Begriff „Migrationshintergrund" auch Eingang in den alltäglichen Sprachgebrauch und die gesellschaftspolitischen und wissenschaftlichen Debatten gefunden.

Gibt es Kritik an der Bezeichnung „Migrationshintergrund"?

Ja. Die Kategorie „Migrationshintergrund" wurde und wird von unterschiedlichen Seiten kritisiert. In der Wissenschaft wird Kritik formuliert, die sich auf die Prozesse und Konsequenzen des hiermit betriebenen sogenannten Othering bezieht: Es wird kritisiert, dass man Menschen durch diese Kategorie auf besondere Weise als anders herausstellt. Kritisiert wird auch, dass damit sehr unterschiedlichen Menschen eine gemeinsame Identität – als Menschen mit → Migrationshintergrund – zugesprochen wird und sie damit als Gruppe zusammengefasst werden, obwohl sie möglicherweise kaum etwas gemeinsam haben.

In der Verwaltung und Politikberatung wird ebenfalls kritisiert, dass die Kategorie nicht sehr aussagekräftig ist, da sie Menschen mit sehr unterschiedlichen Migrationsbiographien als eine Gruppe zusammenfasst. Auch der Sachverständigenrat für Migration und Integration, der die Einführung der Kategorie ursprünglich empfohlen hatte, sieht sie inzwischen kritisch. Dennoch ist auch er, ebenso wie Verwaltungen und statistische Einrichtungen, der Meinung, dass es weiterhin richtig ist, diese Kategorie zu verwenden (Sachverständigenrat für Integration und Migration 2021, 24). Denn solch eine Kategorie sei notwendig, um „Ungleichheit und Benachteiligungen aufzudecken" (Sachverständigenrat für Integration und Migration 2021, 24).

Die Zusammenfassung und Benennung eines Phänomens mit der Bezeichnung Migrationshintergrund wird also genau wegen dieser Zusammenfassung kritisiert, aber auch wertgeschätzt. Denn einerseits erzeugt eine derartige Kategorisierung eine Einteilung von Menschen in eine vermeintlich homogene Gruppe, die als solche benannt und durch die Kategorie statistisch identifizierbar wird. Dadurch kann andererseits diese Gruppe aber auch stigmatisiert werden, und spezifische Narrative können entstehen, die ausgrenzend wirken.

Was ist eine Migrationsgesellschaft?

Eine → Migrationsgesellschaft ist eine Gesellschaft, die von Migration geprägt ist. Das bedeutet nicht, dass alle Menschen, die in ihr leben, selber Migranten und Migrantinnen sind, sondern, dass die Erfahrung von Migration ganz allgemein die Gesellschaft, ihre Menschen und ihre Institutionen prägt (Mecheril 2012). Von der deutschen Gesellschaft als einer Migrationsgesellschaft zu sprechen bedeutet, anzuerkennen, dass der überwiegende Teil der Menschen Erfahrung mit Migration hat und durch sie auf die eine oder andere Weise geprägt ist. Das kann auf ganz unterschiedliche Weise sein: ganz konkret dadurch, dass jemand selbst Migrationserfahrung hat und aus einem anderen Land nach Deutschland gekommen ist. Aber auch vermittelt dadurch, dass ein Familienangehöriger oder eine Bekannte oder Freunde aus dem Ausland nach Deutschland gezogen sind und man über ihre Lebenserfahrungen mit Migration in Berührung kommt. Und wenn man in einer Familie aufgewachsen ist, in der die Eltern aus dem Ausland kamen, man also einen → Migrationshintergrund hat, ist man ebenso von Migration als alltäglichem Bestandteil des Lebens geprägt.

Eine Migrationsgesellschaft ist außerdem in ihren Institutionen und Strukturen von Migration geprägt. Dies wird etwa darin deutlich, dass Mitbürger:innen des Landes mehrere Staatsbürgerschaften haben können oder die Migrationserfahrungen der Bevölkerung Thema in Schulbüchern oder der lokalen Geschichtsschreibung werden. Auch die Repräsentanz von Menschen mit Migrationsbiographien in kommualen Verwaltungen, im öffentlichen Dienst, an Gerichten sind Beispiele für eine Gesellschaft, die institutionell von Migration geprägt ist. Hier besteht allerdings oft auch ein großer Beharrungseffekt, und ein Festhalten an alten Strukturen ist festzustellen. Das führt dazu, dass die gesellschaftliche Realität – in Deutschland weist inzwischen ein gutes Viertel der Bevölkerung Migrationshintergrund auf (28,7 % im Jahr 2022) – nicht in den institutionellen Strukturen der Gesellschaft abgebildet ist. Insbesondere für den Bildungsbereich stellt dies eine große Herausforderung dar.

Migration und Raum oder: warum die Welt nicht grenzenlos ist

Welche Bedeutung haben Räume für Migration, wie wird sie durch Grenzen strukturiert und welche Rolle spielen Orte für Migrant:innen? In diesem Kapitel geht es um die räumlichen Merkmale von Migration und wie sie sich weltweit, aber auch vor Ort zeigt. Wie Menschen als Migrant:innen zwischen Orten und Räumen leben, welche Netzwerke sie pflegen und wo sie zuhause sind, wird außerdem beschrieben.

Welche Räume sind für Migrant:innen wichtig?

Als Migrantin oder Migrant überschreite ich → Grenzen und bewege mich im Raum. Man spricht auch vom geographischen Raum, der bei der Migration durchschritten wird. Darüberhinaus gibt es aber noch andere Räume, die für Migrantinnen und Migranten wichtig sind. So spricht man davon, dass Menschen, die über Staatsgrenzen hinweg Kontakt zueinander halten, sogenannte transnationale Räume herstellen. Hier sind dann nicht geographische Räume gemeint, sondern Räume, die durch soziale Beziehungen und Bindungen entstehen und Orte auf diese Weise quasi sozial miteinander verbinden. Dadurch, dass eine Person mit ihrer Mutter oder ihrem Großvater, mit Freunden oder mit ehemaligen Arbeitskolleginnen weiterhin in Kontakt ist, ist die Person beispielsweise in ein transnationales, d. h. grenzüberschreitendes, Netzwerk eingebunden. Der Raum, der zwischen den Orten und über die Grenzen hinweg dadurch entsteht, ist der transnationale Raum.

Vor Ort ist es ähnlich. Wie bei den transnationalen Räumen entsteht hier durch die Beziehungen zwischen der Migrantin oder dem Migranten und anderen Menschen, die am selben Ort leben, ein soziales Netzwerk. Zusammen mit den charakteristischen Merkmalen des Ortes, die für die Person wichtig sind – das Gebäude der Wohnung, die Alleen, die Einkaufsläden, der Arbeitsplatz oder ähnliches –, und dem, was sie vor Ort tut, entsteht an dem Ort, an dem sie lebt, ein charakteristischer Raum, zum Beispiel der Raum „mein Zuhause in Deutschland“ oder „mein Arbeitsleben“.

Und schließlich spielen seit etwa 20 Jahren die digitalen Technologien eine ganz wichtige Rolle für die Räume der Migration. Durch sie werden ebenfalls noch einmal besondere Räume hergestellt, nämlich digitale Räume. Indem soziale Medien genutzt werden, im Internet gesurft, online Rücküberweisungen (→ Was sind remittances?) getätigt werden, entsteht ein Raum, der parallel zu den sozialen und geographischen Räumen – wie dem Wohnort oder dem Herkunftsland – existiert. Dieser digitale Raum besteht auch aus sozialen Beziehungen. Dies können die Kontakte zu Freunden, Familie oder Bekannten sein, die mithilfe von Telefon, Videocalls, Text-, Bild- oder Sprachnachrichten über Messengerdienste mit den Migrant:innen in Verbindung stehen. Der digitale Raum kann aber auch dazu dienen, Informationen zu bekommen, etwa über Migrationsrouten oder das Leben am neuen Aufenthaltsort. Hier überlagern sich dann digitale und analoge Räume.

Welche Rolle spielen die Orte, an denen Migrant:innen leben?

Menschen migrieren zwischen Orten, und wenn sie aufgrund von Arbeitsplatzangeboten an einem bestimmten Ort oder dort lebenden Familienangehörigen migrieren, spielen diese Orte eine große Rolle. An den Orten haben die Arbeitgeber ihren Sitz, und Menschen gründen dort Geschäfte oder Unternehmen. Familienangehörige leben dort, so dass Menschen dorthin ziehen wollen. Manchmal sind die Arbeitgeber der Grund, an einen bestimmten Ort zu ziehen, manchmal ist es aber auch andersherum der Ort, der attraktiv ist (A.-L. Müller und Plöger 2019; Plöger und Kubiak 2019). So wollen zum Beispiel viele Menschen einmal in New York, Shanghai oder Sydney gelebt haben, weil jede dieser Städte das Image einer attraktiven, pulsierenden Großstadt hat. Aber auch ganz andere, weniger bekannte Orte sind attraktiv für Migrantinnen und Migranten, nämlich dann, wenn dort Menschen leben, die sie kennen. Man spricht dann davon, dass soziale Netzwerke eine wichtige Rolle für die Wahl des Ortes spielen. Es ist dann weniger wichtig, ob es sich um einen Ort handelt, an dem eine Person schon immer einmal hat leben wollen, sondern viel wichtiger ist, dass an dem Ort Kontakte zu anderen Menschen bestehen. Das Einleben kann dann dort schneller gelingen, da Informationen und Unterstützung durch diese Netzwerke gewährleistet sind.

Diese Funktion von Orten wird noch verstärkt, wenn es bestimmte Infrastrukturen gibt, die das Ankommen erleichtern. Man spricht dann von *arrival infrastructures* (Meeus, Arnaut, und Heur 2019). Dazu gehören Netzwerke von Menschen mit eigener Migrationserfahrung und mit einem ausgeprägten Wissen darum, wie das Ankommen in der neuen Gesellschaft gelingen kann, welche Institutionen und Ressourcen wichtig sind und wie man an notwendige, formale oder informelle, Informationen gelangt. Ebenso können Sozialarbeiter:innen oder Verwaltungsangestellte mit fundiertem Wissen über rechtliche Möglichkeiten und dem Willen, das Ankommen zu ermöglichen, Teil dieser sogenannten Ankommensinfrastrukturen sein. Orte sind also sowohl als Anziehungspunkte für Migration wichtig, aber auch Schlüsselstellen für das Ankommen und Einleben von Migrant:innen in neue Gesellschaften.

Welche Bedeutung Orte für die Arbeitsmigration haben, beschreiben Jörg Plöger und Anna Becker (2015) an den Beispielen Dortmund und Hamburg. Ihre Interviews mit hochqualifizierten internationalen Migrant:innen zeigen, dass vor Ort zwei Dinge besonders wichtig sind: das Arbeitsumfeld und die Gruppe der vor Ort lebenden, ebenfalls zugewanderten Menschen, die sich in vergleichbaren Arbeits- und Lebenssituationen befinden. Sowohl für das Einleben als auch für das Leben vor Ort spielen, wie die Interviews von Plöger und Becker zeigen, auch digitale Plattformen eine wichtige Rolle. Diese werden sowohl vor einem Umzug als auch während der Zeit vor Ort genutzt, um sich zu vernetzen und auszutauschen.

Was sind sanctuary cities?

Im Kontext der Frage nach dem Zusammenhang von Migration und Raum und insbesondere nach der Rolle, die Orte für Migration und Migrant:innen spielen, hat sich das Konzept der *sanctuary cities* entwickelt (Bauder 2015; Darling und Bauder 2019). Hintergrund ist die Beobachtung, dass sich in bestimmten Städten zivilgesellschaftliche Solidaritätsbewegungen ausbilden, die sich kritisch mit den prekären Lebensverhältnissen von Menschen auseinandersetzen, die ohne offizielle Aufenthaltserlaubnis und damit formal illegal in einer Stadt leben.[1] Eine zentrale Frage für das Konzept der *sanctuary cities* ist: Wie entsteht in (Groß-)Städten eine Solidaritätsbewegung für irreguläre Migrant:innen?

Nach Harald Bauder, einem der führenden Forscher in diesem Bereich, kommen in bestimmten Städten drei Prozesse zusammen, die dazu führen, dass sich vor Ort eine Solidarität mit Menschen ohne → Aufenthaltsrecht manifestiert. Diese Prozesse sind einerseits sozial, d. h. sie beziehen sich auf die Gesellschaft in den Städten, und andererseits räumlich, d. h., sie hängen mit den konkreten Merkmalen der Städte zusammen. Für das Entstehen von *sanctuary cities* sind nach Bauder drei Dinge wichtig:

1. Unterstützung von Migrant:innen vor Ort: Wenn in einer Stadt irreguläre Migrant:innen für ein Recht auf Anerkennung und bessere Arbeits- oder Lebensverhältnisse auf die Straße gehen, protestieren und sich ihnen andere Menschen aus der Bevölkerung anschließen,

1 Ich verwende in diesem Buch den Begriff der irregulären Migrant:innen für Menschen, die „in der aufenthaltsrechtlichen Illegalität" (Vogel und Cyrus 2018) leben.

bekommt die Forderung der Migrant:innen nach Anerkennung mehr Gewicht. Die Anliegen einer einzelnen Gruppe am Rand der Gesellschaft werden so sichtbarer, und es wird deutlich, dass sie Teil der Gesellschaft sind und von anderen unterstützt werden.

2. Städte als Orte der Imagination eines anderen Lebens: (Groß-)Städte sind historisch die Orte, an denen andere Lebensweisen möglich waren, Innovationen und Revolutionen entstanden sind und es Räume gab, an denen das vermeintlich Unmögliche imaginiert wurde (Bauder 2015, 5; 7). In dieser Tradition stehen auch heute noch bestimmte Städte, die dann zu den Orten werden, an denen eine andere Form des Lebens imaginiert wird, z. B. eines Lebens ohne Grenzen durch Aufenthaltsrechte oder Staatsbürgerschaften.
3. Anspruch auf Teilhabe durch Präsenz: Schließlich kommen soziale und räumliche Prozesse in der Forderung einer „participation through presence" (Bauder 2015, 10) zusammen. Demzufolge habe jemand allein durch das Leben in einer Stadt und damit die Anwesenheit dort auch ein Recht auf soziale Teilhabe. Unabhängig davon, ob jemand aus juristischer Perspektive ein Aufenthaltsrecht hat, geht es hier also um die Forderung, Menschen die gesellschaftliche Teilhabe zu gewährleisten, sobald sie sich an einem bestimmten Ort aufhalten.

Diese drei Prozesse – Unterstützung durch die Mehrheitsgesellschaft, Stadt als Ort von Neuem, Neukonzeption eines Teilhaberechtes – werden von Bauder im Konzept der *sanctuary cities* zusammengefasst. *Sanctuary cities* sind dann Beispiele dafür, wie sich an bestimmten Orten eine ganz grundlegende Forderung nach einer neuen Form des Zusammenlebens realisieren kann: nämlich die Forderung, alle Personen als Bürger:innen eines Staates anzuerkennen, unabhängig von ihrem formalen → Aufenthaltsrecht oder ihrer Staatsangehörigkeit. Über Zugehörigkeit und Teilhabe entscheidet die gemeinsame Anwesenheit am selben Ort.

Für Migration ist dieses Konzept insofern revolutionär, als es Migrantinnen und Migranten sofort nach ihrer Ankunft in einem neuen Land ermöglichen würde, vor Ort zu arbeiten, an politischen Prozessen wie Wahlen teilzunehmen, sich zu engagieren und politische Funktionen zu übernehmen, eine Wohnung zu kaufen oder ihre Familie nachkommen zu lassen. Da das Konzept eine fundemantale Abkehr von der Organisation von Staaten über Staatsbürgerschaft impliziert, ist es allerdings derzeit eine Utopie, wenn auch eine, die in einigen Städten auf der Welt realisiert wird.

Linktipp | Eine weltweite Übersicht über *sanctuary cities* findet sich online: https://cis.org/Map-Sanctuary-Cities-Counties-and-States.

Halten Migrant:innen Kontakt in ihre Herkunftsländer?

Hinsichtlich ihrer sozialen Beziehungen gibt es kaum einen Unterschied zwischen Migranten und Migrantinnen auf der einen und nichtmigrierenden Menschen auf der anderen Seite. Kontakt zu den Orten, an denen jemand gelebt hat, halten alle Menschen auf individuell spezifische Weise, die einen mehr und die anderen weniger. Und damit auch Migrantinnen und Migranten. Was ihre Situation besonders macht, ist, dass sie in der Regel mit Menschen und Orten in Beziehung stehen, die sich in einem anderen Land befinden. Wenn sie Kontakt halten, dann also in einen Staat, in dem andere politische Regeln gelten, an dem der Alltag anders organisiert ist und der möglicherweise in einer anderen Zeit- und Klimazone liegt. Kontakt wird damit über Staatsgrenzen hinweg gehalten und erzeugt transnationale Bindungen. Damit geht auch einher, dass Migrantinnen und Migranten über ein großes Wissen über ihre Herkunftsländer verfügen, das sie kontinuierlich aktualisieren können, indem sie mit Menschen in ihrem Herkunftsland in Kontakt stehen. Dadurch tragen sie Wissen über andere Gesellschaften und politische oder wirtschaftliche Lebensbedingungen in die Umgebung, in der sie aktuell leben, und bereichern diese um diese Informationen – und sie tragen dazu bei, dass ihre Umgebung als → Migrationsgesellschaft Gestalt annehmen kann.

In den vergangenen Jahrzehnten hat technologischer Fortschritt dazu geführt, dass dieses Kontakthalten über → Grenzen hinweg einfacher und oft auch kostengünstiger möglich ist. Soziale Medien sind dabei von entscheidender Bedeutung und machen es möglich, Kontakt zu halten.

Welche Rolle spielen Grenzen für Migration?

→ Grenzen spielen eine große Rolle in der Migration. Sie regeln Übertritte in ein anderes Land und damit Ein- und Ausreisen, sie tragen dazu bei, zwischen illegal und legal eingereisten Migrant:innen zu unterscheiden. In der rechtlichen und wissenschaftlichen Beschäftigung mit Migration strukturieren sie die Klassifikation in internationale Migration auf der einen und Mobilität innerhalb eines Nationalstaates auf der anderen Seite. Und für die Migrantinnen und Migranten selbst erzeugen sie oft einen qualitativen Unterschied bei der Erfahrung der Migration und des Lebens im Aufnahmeland, denn nationalstaatliche Grenzen gehen zumeist damit einher, dass auf der einen Seite der Grenze andere politische, juristische und soziale Systeme vorliegen als auf der anderen Seite der Grenzen. Damit unterscheiden sich dann auch die Institutionen, Lebensweisen und Infrastrukturen der verschiedenen nationalen Gesellschaften. Für das Alltagsleben in einem anderen Staat, dessen Außengrenze man überschritten hat, spielt das eine große Rolle.
Grundsätzlich kann man zwischen Außengrenzen und Binnengrenzen unterscheiden und zwischen räumlichen und physischen Grenzen sowie sozialen Grenzen. Physische Grenzen werden überwunden, indem Geflüchtete Grenzzäune überwinden. Räumliche Grenzen werden überwunden, indem von einer Region in eine andere migriert wird. Soziale Grenzen werden konstituiert oder abgebaut, indem sich eine Gruppe von Migrant:innen von anderen Migrant:innengruppen abschottet (Konstitution einer sozialen Grenze) oder eine Aufnahmegesellschaft die Migrant:innen zu integrieren versucht (Abbau von sozialen Grenzen).
Diese verschiedenen Grenzphänomene sind insbesondere lokal beobachtbar und erlebbar. Einen eigenen Fall stellen dabei Staatenbünde wie die Europäische Union dar, die über ihre Regelungen zu EU-Außen- und Binnengrenzen eigene Formen des Ein- und Ausschlusses schafft und bestimmte Migrationsphänomene und -gruppen politisch, diskursiv und rechtlich besonders rahmt. Ein Beispiel dafür ist die Freizügigkeitsregelung für Arbeitnehmer:innen mit einer EU-Staatsbürgerschaft (→ Wer darf Grenzen überschreiten?).

Linktipp | Der englischsprachige Border Criminologies Blog ((https://blogs.law.ox.ac.uk/border-criminologies-blog/122) hat zum Ziel, Forschungsergebnisse von Forschenden auf der ganzen Welt zugänglich zu machen. Thematische Schwerpunkte sind die unterschiedlichen Formen von Grenzkontrollen weltweit sowie rechtliche Analysen und Buchrezensionen. Der Blog ist Teil des Netzwerks Border Criminologies an der Universität Oxford.

Wer darf Grenzen überschreiten?

Das Überschreiten von → Grenzen zwischen Nationalstaaten ist rechtlich geregelt. Es hängt vom → Aufenthaltsrecht einer Person in dem Staat, in den er oder sie einreisen will, ab. Dies wird bei einer Grenzkontrolle geprüft. Jede Person, die für den Staat der Einreise eine Aufenthaltserlaubnis hat, darf die Grenze überschreiten. Auf Migration bezogen gibt es eine besondere Ausnahme: Einreisen dürfen auch Personen, die → Asyl beantragen wollen. Diese Personen besitzen bei der Einreise noch kein Aufenthaltsrecht, sondern stellen zunächst beim Grenzübertritt ein Asylgesuch. Nach der Einreise stellen sie dann einen Asylantrag und dürfen sich, bis über den Antrag entschieden wurde, im Land aufhalten. In Deutschland bedeutet das, dass sie dazu mit dem sogenannten Ankunftsnachweis ein Dokument erhalten, mit dem sie sich vor Ort ausweisen können. Sofern ihr Asylantrag bewilligt wird, erhalten sie zunächst eine befristete Aufenthaltserlaubnis. Sie ist in der Regel auf drei Jahre befristet und kann, in selteneren Fällen, in eine unbefristete Niederlassungserlaubnis umgewandelt werden.

Ein interessanter Sonderfall für die Frage, wer Grenzen überschreiten darf, sind Grenzen innerhalb von Staatenbünden wie der Europäischen Union (EU). Im Rahmen der sogenannten → Arbeitnehmerfreizügigkeit ist es für Bürger und Bürgerinnen der EU seit 1968 möglich, ohne rechtliche Einschränkungen einen Arbeitsplatz innerhalb der EU einzunehmen. Damit dürfen alle Menschen mit Staatsbürgerschaft eines EU-Staates ohne Einschränkungen in die anderen EU-Staaten einreisen und die nationalstaatlichen Grenzen ohne Kontrolle passieren.

Linktipp | Informationen zu Einreise und Asylantrag finden sich auf der Website des Bundesamts für Migration und Flüchtlinge: https://www.bamf.de/DE/Themen/AsylFluechtlingsschutz/AblaufAsylverfahrens/Ausgang/Aufenthaltserlaubnis/aufenthaltserlaubnis-node.html.

Warum spricht man so oft von der EU-Außengrenze?

Innerhalb der EU wurden die Grenzkontrollen an den nationalstaatlichen → Grenzen aufgrund der → Arbeitnehmerfreizügigkeit und des Schengen-Abkommens weitestgehend abgebaut. Dies betrifft sowohl die personellen Grenzkontrollen als auch die physischen Grenzinfrastrukturen wie Schlagbäume und Zäune. Daher lässt sich die Einreise von Menschen in einen EU-Staat inzwischen kaum kontrollieren: Es gibt innerhalb der EU keine Grenzposten mehr. Damit können auch Menschen ohne → Aufenthaltsrecht oder Asylsuchende, die in EU-Staaten einreisen wollen und deren Einreise aus Sicht der EU-Staaten kontrolliert werden muss, innerhalb der EU beim Passieren der Grenzen kaum kontrolliert werden. Die Außengrenze der EU ist damit die einzige verbleibende Grenze, an der die Einreise von Menschen systematisch kontrolliert werden kann. Aufgrund der abgebauten Grenzkontrollen innerhalb der EU ist es für Behörden schwieriger, irreguläre Grenzübertritte zu ahnden und Menschen des Landes zu verweisen, sobald sich die Menschen auf dem Gebiet der EU befinden. Daher gibt es seit 2004 eine eigene Organisation, die von den Mitgliedsstaaten der EU eingesetzt wurde, um die Außengrenzen zu schützen: Frontex, die „Europäische Agentur für die Grenz- und Küstenwache". Sie unterstützt diejenigen EU-Staaten, die eine Außengrenze haben, da sie die meiste Arbeit mit dem Schutz dieser Grenze haben.

Thema ist die EU-Außengrenze auch deswegen, weil auf bestimmten Strecken, sogenannten Migrationsrouten, Schleuser und Schlepper agieren, die Menschen dabei unterstützen, auf illegalem Weg in die EU einzureisen. Dadurch erhöht sich aus Sicht der EU-Staaten die Notwendigkeit, die Außengrenze der EU zu überwachen.

Oft genutzte Migrationsrouten gehen über das Mittelmeer und über den Balkan. Sie sind zum Teil sehr gefährlich, und die Schleuser und Schlepper nutzen in der Regel den Wunsch der Migrant:innen, unbedingt in die EU kommen zu wollen, aus. Das bedeutet dann, dass sie die Migrant:innen in nicht hochseetauglichen Booten auf das Mittelmeer schicken, sie ohne Wasser und Verpflegung in Lieferwagen über die Grenze zu bringen versuchen o. ä. und sie auf diese Weise lebensgefährlichen Situationen aussetzen. Auch dies ist ein Grund, weshalb Organisationen wie Frontex versuchen, diesen Migrationsbewegungen Einhalt zu gebieten.

Welche Kritik gibt es an der Vorgehensweise von Frontex?

In zahlreichen Berichten von Nichtregierungsorganisationen und Medien wird die EU-Grenzschutzagentur Frontex für unangemessenes und zum Teil rechtswidriges Handeln an den EU-Außengrenzen kritisiert (Ghelli 2021; Jakob 2013; Strauß 2021). Die Vorwürfe reichen von Einschüchterung über unnötige Gewaltanwendung bis zum gewaltsamen Zurückdrängen von Migrant:innen an den → Grenzen. Die Polizist:innen, die zum Frontex-Corps gehören, sind als Polizist:innen ausgebildet und haben die Aufgabe, illegale Grenzübertritte zu verhindern. Sie patroullieren daher an den EU-Außengrenzen zu Land und zu Wasser, zum Teil in internationalen Teams. Im Oktober 2020 wurde der Agentur vorgeworfen, an sogenannten Pushbacks im Mittelmeer beteiligt gewesen zu sein. Unter Pushbacks bezeichnet man das, oft gewalttätige, Zurückdrängen von Menschen nach ihrem Grenzübertritt, um zu verhindern, dass sie diese → Grenze tatsächlich überschreiten. Pushbacks stellen Menschenrechtsverletzungen dar und sind daher illegal. Aufgrund der Schwere der Vorwürfe beschäftigten sich sowohl die Leitung von Frontex als auch das EU-Parlament mit diesen Vorwürfen (Radjenovic 2021).

Allgemein werden Grenzschutzagenturen wie Frontex dafür kritisiert, dass sie den Grenzschutz vor humanitäre Fragen stellen. Das bedeutet, dass ohne Rücksicht auf die zum Teil lebensbedrohende Situation der Menschen, die die Grenzen überschreiten wollen, gehandelt wird. Insbesondere in Wintermonaten oder in unwirtlichen Gegenden wie Wäldern oder Gewässern befinden sich Flüchtende und Migrant:innen in prekären Situationen. Nichtregierungsorganisationen kritisieren daher oft, dass Grenzschutzeinrichtungen die konkrete Hilfsbedürftigkeit der Menschen übersehen würden.

Welche Technologien werden zur Grenzüberwachung eingesetzt?

An → Grenzen zwischen Nationalstaaten werden unterschiedliche Technologien eingesetzt. Sie werden zum einen eingesetzt, um Menschen am Grenzübertritt zu hindern, und zum anderen, um die einreisenden Menschen zu kontrollieren und in Datenbanken zu erfassen. Die Technologien, die benutzt werden, um den Grenzübertritt zu kontrollieren, unterscheiden sich außerdem in Abhängigkeit davon, wie hoch der Druck ist, dass Menschen illegal einzureisen versuchen und wie stark daher die Grenzen kontrolliert werden sollen. So werden etwa an den Außengrenzen der EU in Südosteuropa andere Technologien eingesetzt als an der Grenze der EU zur Schweiz. Diese Technologien reichen von Grenzzäunen über Überwachungs- und Infrarotkameras, Flugzeugen, Schiffen bis hin zu Menschen und Hunden als Grenzschützern.

Bei der Kontrolle und Registrierung der Menschen, die Grenzen überschreiten, hat sich ein elaboriertes technologisches System etabliert. Mithilfe von Fingerabdruck- oder Iris-Scannern werden die Informationen zu den einzelnen einreisenden Personen dokumentiert und ihre Daten aufgenommen. International vernetzte Datenbanken werden von Grenzsicherungsbehörden genutzt, um Informationen über illegal einreisende Personen zu teilen und so wiederholt unrechtmäßig einreisende Personen sanktionieren zu können.

In der EU ist es die Datenbank Eurodac, in der Fingerabdrücke von Asylsuchenden und irregulär eingereisten Migranten und Migrantinnen gespeichert werden. Mithilfe der Datenbank ist es möglich, an einer EU-Grenze diejenigen, die erneut versuchen einzureisen, obwohl sie keine Einreisegenehmigung haben, zu identifizieren und abzuweisen. Außerdem werden mithilfe der in der Datenbank gespeicherten Informationen Menschen identifizierbar, die in einem EU-Staat einen Asylantrag gestellt haben, aber versuchen, in ein anderes EU-Land einzureisen, um dort einen weiteren Asylantrag zu stellen. Dies geschieht etwa, wenn Menschen die türkisch-griechische EU-Außengrenze überschreiten und in Griechenland einen Asylantrag stellen, dann aber versuchen, weiter durch die EU-Staaten bis nach Frankreich zu kommen, um dort erneut einen Asylantrag zu stellen. Die Gründe für ein solches Verhalten sind vielfältig: So kann es sein, dass Familienangehörige, Freunde oder Bekannte in Frankreich leben. Es kann aber auch, etwa für einen französischsprachigen Migranten aus Tunesien, die Sprache sein. Schließlich erzeugen auch bestimmte, von Medien oder

Bekannten vermittelte Bilder von bestimmten Ländern den Wunsch, in diesen Ländern und nicht in anderen zu leben, etwa weil dort mehr Wohlstand herrscht oder die einheimische Bevölkerung gegenüber Fremden aufgeschlossener zu sein scheint.

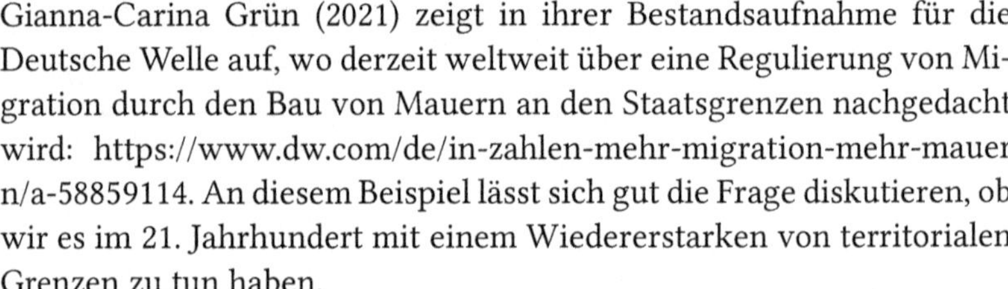

Literatur- und Linktipps | Ein interessanter Artikel über Technologien, die an der EU-Außengrenze eingesetzt werden, ist die Arbeit von Ruben Andersson (2012), „A game of risk: Boat migration and the business of bordering Europe". Der Autor arbeitet auch heraus, welche politischen, wirtschaftlichen und technologischen Verflechtungen es bei der hochtechnologisierten Grenzkontrolle im Mittelmeer gibt.
Gianna-Carina Grün (2021) zeigt in ihrer Bestandsaufnahme für die Deutsche Welle auf, wo derzeit weltweit über eine Regulierung von Migration durch den Bau von Mauern an den Staatsgrenzen nachgedacht wird: https://www.dw.com/de/in-zahlen-mehr-migration-mehr-mauern/a-58859114. An diesem Beispiel lässt sich gut die Frage diskutieren, ob wir es im 21. Jahrhundert mit einem Wiedererstarken von territorialen Grenzen zu tun haben.

Ist die Welt im 21. Jahrhundert nicht grenzenlos?!

Nein. Zwar können global gesehen mehr Menschen → Grenzen überschreiten als noch vor 50 Jahren, aber Grenzen strukturieren weiterhin die Welt und das Zusammenleben. Grenzen wirken dabei identitätsstiftend, da sie durch die Abgrenzung nach außen eine Bindung nach innen erzeugen und damit eine Gruppenzugehörigkeit ermöglichen. Außerdem ermöglichen sie es Regierungen, bestimmte Regeln zur Regulierung des Zuzugs von Menschen in einen Staat anzuwenden und das Zuwiderhandeln zu bestrafen. Die Corona-Pandemie, die 2020 den gesamten Globus betraf, zeigte deutlich, wie sehr nationalstaatliche Grenzen den Alltag, die Wirtschaft und das politische Handeln bestimmen. Die Produktion von Waren ist oftmals von Gütern und Arbeitsschritten abhängig, die in ganz anderen Staaten hergestellt und vollzogen werden als denen, in denen die Verkäufer:innen oder die Käufer:innen leben. Daher müssen für die Produktion von Gütern Grenzen überschritten werden; das bedeutet auch, dass die Produktion gestört werden kann, sobald die Güter die Grenzen nicht ungestört überwinden können.

Auch die Migration von Menschen ist von Grenzen abhängig und bekommt von ihnen einen spezifischen Rahmen. Durch Grenzkontrollen, Vorschriften zum Grenzübertritt und Einreiseverbote ist die Welt in zugänglichere oder weniger zugängliche Zonen unterteilt. Je nachdem, ob und wenn ja, welchen Reisepass eine Person besitzt, kann sie in unterschiedlich viele Staaten mit unterschiedlichen Beschränkungen einreisen. Daher ist die Welt im 21. Jahrhundert für niemanden grenzenlos, für einige allerdings weniger durch Grenzen eingeschränkt als für andere.

Linktipp | Im „Passport-Index“ des Magazins Katapult findet man eine Übersicht, mit welchem Reisepass man in wie viele Länder einreisen kann, ohne ein Visum zu bentragen: https://katapult-magazin.de/de/artikel/guter-pass-schlechter-pass.

Ist Migration ohne Grenzen denkbar?

Auf diese Frage gibt es zwei Antworten: eine definitorische und eine inhaltliche.

Das bedeutet zum einen: Migration braucht *per definitionem* → Grenzen. Da Migration als grenzüberschreitendes Phänomen definiert wird, sind Grenzen – die überwunden werden – zwingend notwendig für die Bestimmung dessen, was als Migration bezeichnet wird. Gäbe es keine nationalstaatlichen Grenzen, könnten wir lediglich von Mobilität sprechen, und die Differenzierung zwischen geographisch unterschiedlich weitreichenden Bewegungen fiele schwer.

Zum anderen zeigt das Phänomen selbst, dass Grenzen die Migration mit konstituieren und prägen. Im Fall von Migration werden Räume durchschritten, eine Person bewegt sich von einem sozialen Kontext in einen anderen. Das bedeutet, dass Grenzen zwischen Gesellschaften überschritten werden. Diese Grenzen sind dann sowohl territorial als auch sozial. Diese Beschreibung von Migration als einer Bewegung, die das Überschreiten gesellschaftlicher Grenzen beinhaltet, bedeutet, dass für Migration auch dann Grenzen wichtig sind, wenn es sich nicht um räumliche Grenzen handelt.

Demnach gäbe es Migration dann definitorisch nicht mehr in einer Welt ohne territoriale und soziale Grenzen. Das Phänomen Migration würde aber nach wie vor bestehen. Denn Menschen würden sich immer noch auf dieselbe Art und Weise bewegen und räumliche Distanzen zwischen einem alten und einem neuen Lebensmittelpunkt überwinden. Lediglich die Definition des Phänomens müsste anders lauten, da die Begriffsbestimmung der „Staatsgrenzen überschreitenden Bewegung mit einer bestimmten Dauer der Abwesenheit vom Lebensmittelpunkt" nicht gegeben wäre. Hieran sieht man, wie wirkmächtig Klassifikationen sind und wie stark sie von anderen Definitionen und den sozialen Kontexten, in denen diese eingebettet sind, abhängen (→ Worüber wird gestritten?). Migrationsbewegungen würden dann z. B. lediglich als Umzüge verstanden, und von München nach Innsbruck umzuziehen wäre weniger fremd als von Leer nach München. Derzeit aber ist es eine Migration, wenn man als Deutsche von München nach Innsbruck umzieht, und man gilt als Deutsche im österreichischen Innsbruck dann als Ausländerin.

Linktipp | Die Journalistin Rocío Guenther zeigt in ihrem Artikel zur Grenzregion Mexiko/USA, auf welche Weise das Leben von Migrant:innen durch die Grenze geprägt ist und wie sich der US-amerikanische Grenzschutz auf ihre Migration und ihr Leben auswirkt: https://sanantonioreport.org/seeking-asylum-inside-the-immigration-maze/.

Welche grenzüberschreitenden Beziehungen pflegen Migrant:innen?

Ein Großteil der Migrantinnen und Migranten hält auch an ihrem neuen Lebensmittelpunkt den Kontakt zu Familie, Freunden und Bekannten aus ihrem Herkunftsland oder an einem Ort aufrecht. Sie bauen dann soziale Kontakte und Bindungen an ihrem neuen Lebensmittelpunkt auf, ohne ihre schon existierenden sozialen Beziehungen zu Menschen an anderen Orten und in anderen Staaten abzubrechen. Mit diesen Netzwerken tragen sie zu sogenannten → transnationalen sozialen Räumen bei. Solche Räume bezeichnen ein Geflecht aus sozialen, ökonomischen und institutionellen Verbindungen zwischen Orten in unterschiedlichen Nationalstaaten. Derartige, zum Teil weltumspannende, Beziehungen wurden von technologischen Entwicklungen deutlich vereinfacht. So können heute Telefonate und Videogespräche in Echtzeit geführt werden, auch wenn Menschen in unterschiedlichen Zeitzonen und auf unterschiedlichen Kontinenten leben. Mit Voice-over-IP-Technologien ist das Kontakthalten zudem vergleichsweise kostengünstig und niedrigschwellig.

Auch das Überweisen von Geld an Familienangehörige in Herkunftsländern, sogenannte *remittances* (→ Was sind remittances?), ist durch global agierende Geldtransferanbieter vereinfacht. Diese finanzielle Unterstützung zu betrachten ist wichtig, um zu verstehen, dass Menschen oft nicht ausschließlich um ihrer selbst Willen migrieren, sondern ihre (Arbeits-)Migration in ein größeres Geflecht von Interessen, Beweggründen, Zwecken und Motiven eingebunden ist. Außerdem wird die wirtschaftliche Dimension von Arbeitsmigration dadurch noch um einen weiteren Aspekt ergänzt: Geldtransfers dieser Art haben teilweise eine beträchtliche Bedeutung für das jeweilige Bruttoinlandsprodukt der Herkunftsstaaten der Migrant:innen.

Migrant:innen sind also in soziale Netzwerke eingebunden. Diese befinden sich in der Regel sowohl vor Ort an ihrem Lebensmittelpunkt als auch zwischen Orten in unterschiedlichen Staaten. Die grenzüberschreitenden Beziehungen, die sie pflegen, sind somit sozialer, ökonomischer, aber auch politischer Natur.

Welche Rolle spielt die Geopolitik für Migration?

Betrachtet man Migrationsbewegungen im zeitlichen Verlauf, so kann man feststellen, dass sich im Zuge von bestimmten geopolitischen Ereignissen oft auch bestimmte Migrationsbewegungen ereignen. Der Krieg auf dem Balkan in den 1990er Jahren, der im Frühjahr 2022 beginnende Krieg in der Ukraine oder Grenzöffnungen im Zuge der Erweiterung der Europäischen Union sind Beispiele für geopolitische Ereignisse, die jeweils zu quantitativ deutlich messbaren Migrationsbewegungen geführt haben. Gerade im Fall von (Bürger-)Kriegen oder anderen gewalttätigen Auseinandersetzungen, die mit territorialen Kämpfen verbunden sind, kommt es oft zu → Flucht und Vertreibungen und damit zu unfreiwilliger Migration. Aber auch andere geopolitische Veränderung wie die Aufnahme neuer Staaten in die Europäische Union erzeugen Migrationsbewegungen. In diesem Fall, weil neue

Möglichkeiten auf dem erweiterten Arbeitsmarkt genutzt werden und die Freizügigkeitsregelung in Anspruch genommen wird.

Migration ist demnach in vielfacher Weise mit Geopolitik verbunden. Sie kann dabei geopolitischen Ereignissen nachgeordnet sein wie im Fall der EU-Erweiterung, sie kann sie begleiten wie im Fall von Kriegen, oder sie kann bestimmte geopolitische Krisen auch schon erahnen lassen, wenn sich etwa Menschen aufgrund eines sich verschlechternden politischen Klimas in ihrem Land zunehmend entscheiden, dieses Land zu verlassen, bevor die Situation eskaliert.

Welche Rolle spielen soziale Medien für transnationale Kontakte?

Soziale Medien und Messengerdienste spielen eine wichtige Rolle für Menschen, die migriert sind. Insbesondere Migrantinnen und Migranten, die transnationale Kontakte aufrechterhalten, verwenden diese Medien. Dabei geht es zum einen darum, Informationen auszutauschen und zu wissen, wie man einander erreichen kann. Zum anderen geht es darum, am Alltag der anderen Menschen so gut wie möglich teilzuhaben, auch wenn diese Menschen sich in einem anderen Land befinden. Was bis ins ausgehende 20. Jahrhundert Briefe, Telegramme und Telefonate waren, sind im 21. Jahrhunderte immer mehr soziale Medien, Voice-over-IP-Anwendungen und Messengerdienste. Diese Anwendungen haben den Vorteil, dass sie Kommunikation oft ohne Zeitverzögerung möglich machen: Im Gegensatz zu einem Brief, der zwischen Japan und Kenia mehrere Tage unterwegs ist, ist der Austausch von Nachrichten mittels digitaler Nachrichtendienste in der Regel ohne nennenswerte Verzögerungen möglich. So ist ein direktes Reagieren auf die Nachrichten der anderen Person möglich, was die Kommunikation deutlich unmittelbarer erscheinen lässt. Auch die Verwendung von Videotelefonie und das schnelle Übersenden von Fotos und Videos über soziale Medien lässt die Interaktion miteinander und das Teilen eines Alltags auch über große räumliche Distanzen hinweg gelingen, da auf diese Weise Eindrücke und Erfahrungen geteilt und ein Gefühl des Dabeiseins vermittelt werden kann.

Zeitliche Distanzen bleiben allerdings weiterhin bestehen: So müssen je nach Aufenthaltsort unterschiedliche Zeitzonen überbrückt werden. Auch beeinflussen die Qualität der notwendigen Technologien – Mobilfunknetz,

Internetverbindung, Geräte wie Smartphones, Computer und (Video-)Kameras – ebenso wie die Verfügbarkeit von Strom und die Höhe der anfallenden Kosten die Art, wie grenzüberschreitende Kommunikation stattfinden kann.

Die Soziologin Heike Greschke (2009) zeigt in ihrer Arbeit zu Migrant:innen, deren Familienmitglieder an verschiedenen Orten leben, wie die Migrant:innen unterschiedliche, vor allem digitale, Medien einsetzen, um einen gemeinsamen Alltag so gut wie möglich aufrechtzuerhalten. Die Nutzung etwa von sozialen Medien oder digitalen Chat-Plattformen macht es beispielsweise möglich, als Elternteil in einem anderen Land die abendlichen Einschlafrituale des eigenen Kindes zu begleiten oder beim gemeinsamen Frühstück digital anwesend zu sein.

Warum verlassen Menschen ihr Land, wenn sich das Klima ändert?

Wenn sich das Klima verändert, verändern sich auch die Lebensbedingungen in den Ländern der Welt. Sie tun dies in unterschiedlichem Maße. Einige Länder werden etwa durch den Anstieg des Meeresspiegels unbewohnbar. Das gilt etwa für den Inselstaat Kiribati im zentralen Pazifik. In anderen Ländern verschlechtern sich die Lebensverhältnisse durch die Zunahme von Extremwetterereignissen. Dies ist derzeit schon weltweit zu beobachten, auch auf dem afrikanischen und europäischen Kontinent. Beides bedeutet, dass sich die Lebensverhältnisse vor Ort verschlechtern oder es unmöglich wird, in den Ländern zu überleben. Damit führt eine Veränderung des Klimas dazu, dass Menschen ihr Land verlassen und an einen anderen Ort migrieren.

Dies ist kein neues Phänomen. Das Klima und damit verbunden die Umweltbedingungen haben schon immer Migrationsbewegungen beeinflusst. Der Grund dafür ist, dass das Klima zum einen die Lebensbedingungen von Menschen beeinflusst: Es macht Länder zu Orten, an denen man überleben kann, und zu Orten, an denen ein Überleben als Mensch nur mit großer Anstrengung möglich ist, wie etwa in der Antarktis. Zum anderen sind vermittelt über das Klima auch die Ressourcen weltweit unterschiedlich verteilt: Bestimmte Lebensmittel lassen sich an bestimmten Orten anbauen, und lässt sich ihr Anbau in großem Stil kultivieren, so lassen sich die Produkte über den Weltmarkt vertreiben, was wiederum Arbeitsplätze und ökonomischen Gewinn möglich macht.

Verschlechtern sich die Lebens- und Umweltbedingungen aufgrund einer Veränderung des Klimas, so werden die Gründe für Migration – etwa das eigene Überleben zu sichern oder Geld für den Lebensunterhalt zu verdienen – für mehr Menschen bedeutsam. Wenn sich das Klima ändert, kann es also dazu kommen, dass Menschen ihr Land verlassen (müssen) und zu Migrantinnen und Migranten werden.

Wie hängen Klimawandel und Migration zusammen?

Klimawandel und Migration hängen eng zusammen. Ins Licht der Öffentlichkeit rückt diese Verbindung im Kontext des menschengemachten Klimawandels: Die Veränderungen von Lebensverhältnissen, die sich durch verändertes Klima vollziehen, wirken sich auf Migration aus. Neue Herausforderungen entstehen für Menschen ebenso wie für Staatengemeinschaften, Fragen nach Staatsbürgerschaft und → Territorium müssen neu beantwortet werden, und andere Länder sind von anderen Formen von Migration betroffen. Auf diese Weise beeinflussen Umweltbedingungen auch Arbeitsplätze, Wohlstand und geopolitische Macht.

Klimawandel und Migration hängen dann auf zentrale Weise zusammen: Zum einen kommt es zu neuen Gründen für Migration. Wenn Dürren oder Überschwemmungen das Leben in bestimmten Regionen erschweren oder sie für landwirtschaftliche Produktion nicht mehr nutzbar sind, verlassen Menschen diese Regionen. Zum Teil suchen sie in anderen Staaten nach neuen Möglichkeiten, zu leben und zu arbeiten. Durch den Klimawandel werden solche Ereignisse häufiger (Kemp u. a. 2022). Zum anderen ist abzusehen, dass durch das Ansteigen des Meeresspiegels weltweit einige Regionen sprichwörtlich untergehen werden: Sie lägen dann, wie die Küstengebiete Japans oder der Niederlande, unter dem Meeresspiegel und sind nicht mehr bewohnbar. Dies stellt neue Fragen an Migration und den Umgang mit ihr: Bisher war es im Fall der Migration von einem Staat in einen anderen so, dass die Herkunftsländer Bestand hatten, sie blieben also immer existent. Das ist für rechtliche Fragen von → Asyl und → Flucht wichtig, da es darum geht, ob ein Mensch in einem anderen Land Bleiberecht bekommt oder abgeschoben wird – etwa in das Herkunftsland. Und es ist auch bezüglich emotional-psychologischer Aspekte wichtig, etwa wenn Menschen in der → Diaspora leben und das Herkunftsland als Bezugspunkt des Handelns und Fühlens von Zugehörigkeit dient. Hört das Land auf zu existieren, stellen sich hier ganz neue Fragen für die Migrant:innen, aber auch für die aufnehmenden Gesellschaften.

Linktipp | Die Berliner Morgenpost hat einen interaktiven Globus zu den Folgen des Klimawandels auf Staaten erstellt: https://interaktiv.morgenpost.de/klimawandel-hitze-meeresspiegel-wassermangel-sturme-unbewohnbar/.

Welche neuen Fragen stellt klimawandelbedingte Migration?

Im Fall klimawandelbedingter Migration kann es nun sein, dass aus einem Staat migriert wird, den es, wie beispielsweise den Inselstaat Fidschi, in absehbarer Zeit aufgrund des Klimawandels nicht mehr geben wird. Was bedeutet das für die Staatsbürgerschaft der Migrant:innen? Welche Verantwortung hat die internationale Staatengemeinschaft für diese Menschen, insbesondere, da es sich beim Klimawandel um ein globales Phänomen handelt? Dies sind derzeit offene Fragen, über die etwa beim Weltklimarat der UN diskutiert wird.

Damit stellt die klimawandelbedingte Migration nicht zuletzt die bekannte Frage nach der Bedeutung der Staatsbürgerschaft von Migrant:innen für das rechtliche Gerüst von Migration neu. Zum einen verändert sich der Kontext für Migration, wenn eine auf die Zukunft gerichtete Frage hinzukommt: Was passiert, wenn es den Staat, in dem ich lebe, in der Zukunft nicht mehr gibt, weil er beispielsweise durch den Anstieg des Meeresspiegels buchstäblich im Meer versunken ist? Wessen Staatsbürgerin bin ich dann? Wie und wohin kann ich migrieren? Hier geht es letztlich auch um die Frage, welche Rechte Menschen haben, die angesichts eines realistischen Szenarios aus Furcht um den wahrscheinlich zukünftig eintretenden Verlust ihres Wohnortes aus einem Land in ein anderes migrieren. Zum anderen werden sich für den Fall, dass der Staat, aus dem eine Person migriert ist, dann tatsächlich nicht mehr existiert, etwa weil das Staatsgebiet vollständig unter Wasser liegt, Fragen nach der Staatsbürgerschaft der ehemaligen Bewohner:innen stellen, die dann in einem anderen Land leben.

Das Beispiel der klimabedingten Migration ist ein Beispiel dafür, wie zum einen die ökologischen Konsequenzen von gesellschaftlichem Handeln auch auf die Gesellschaft zurückwirken und damit die unidirektionale Beziehung, die in der These der Beherrschbarkeit der Natur durch die Kultur enthalten ist, in Frage stellen. Zum anderen und daraus folgend zeigt das Beispiel, dass Natur und Kultur, Umwelt und Gesellschaft in einem Wechselverhältnis zueinanderstehen, das gerade im Zeitalter des sogenannten → Anthropozäns besonders deutlich wird.

Welche Besonderheiten gibt es bei klimawandelbedingter Migration?

Eine lesenswerte Studie stammt von Johannes Herbeck und Silja Klepp (2015). Ausgangspunkt ihrer Arbeit ist die empirische Beobachtung, dass die Republik Kiribati, ein Inselstaat nordöstlich von Australien, nicht nur stark vom Klimawandel bedroht ist, sondern absehbar nicht mehr existieren wird und sich daher Fragen nach → Emigration stellen, die eine ganz neue Dimension haben.

Herbeck und Klepp heben in ihrer Studie den Aspekt der Klimagerechtigkeit hervor. Da sich die ökologischen Konsequenzen menschlichen Handelns heute global ausbreiten und kein unidirektionales Ursache-Wirkungs-Prinzip mehr angelegt werden kann, wirkt sich der Klimawandel unterschiedlich auf Staaten aus und lässt die Staaten auch unterschiedlich von klimabedingter Migration betroffen sind. Denn die, die die ökologischen Veränderungen des Klimawandels maßgeblich bewirkt haben, sind die Industriestaaten. Und diese sind nicht zwangsläufig die ersten, die deren Folgen spüren. Das liegt an der geographischen Lage, oft auch an den finanziellen Möglichkeiten und Technologien, mit denen man sich in Staaten der westlich-industrialisierten Welt etwa gegen Extremwetterereignisse wie Dürren oder Hochwasser schützen kann.

Diese ungleiche Verteilung von Risiken sind Kern der Diskussion um Klimagerechtigkeit. Herbeck und Klepp (2015, 1–2) sagen dazu Folgendes: „In den Debatten um Klimawandel und Migration wird die politische Brisanz des Themas Klimagerechtigkeit besonders deutlich.

Länder wie die Republik Kiribati (...) fordern bei der Suche nach langfristigen, angemessenen Perspektiven für heutige und kommende Klima- und Umweltmigrant:innen globale und regionale Solidarität über nationale Grenzen hinweg." Damit sind die politischen Systeme und etablierten Umgangsweisen mit nationalen und internationalen Entwicklungen stark herausgefordert. Welche Rolle spielen nationale → Grenzen in einem solchen Fall wie dem der Klimamigration? Und was ist das für eine Form von Migration und wie geht man mit der Aussicht, ein bald nicht mehr existierendes Land verlassen zu müssen, um? Dazu Herbeck und Klepp (2015, 17, Herv. i. O.):

„Die Republik Kiribati, ein aus 32 Atollinseln bestehender Inselstaat im zentralen Pazifik mit ca. 110.000 Einwohner:innen, hat bislang auf Grund der Prognosen der Klimawissenschaft die konkretesten Migrationsstrategien auf internationaler Ebene entwickelt und führt verschiedene Verhandlungen, um diese umzusetzen. Auf Grund der Prognosen plant die Regierung von Kiribati einen langfristigen Auszug aller Bürger, den I-Kiribati genannten Einwohnern der Inseln. Dieser Auszug hat schon jetzt begonnen und er soll trotz der etwaigen Notwendigkeit, Kiribati zu verlassen und die Staatsangehörigkeit aufzugeben, „in Würde" und selbstbestimmt geschehen: „migrate with dignity" heißt die Devise und die Strategie der Regierung, die schon jetzt in allen internationalen, vor allem regionalen, Verhandlungen zum Tragen kommt."

Daran zeigt sich, dass klimawandelbedingte Migration eine besondere ist. Denn es geht nicht darum, zu entscheiden, ob ich meine Staatsbürgerschaft abgebe und eine neue annehme. Sondern darum, dass es irgendwann den Staat, dessen Bürgerin ich bin, wohl nicht mehr geben wird. Und wessen Staatsbürgerin bin ich dann? Und wie und wohin kann ich migrieren, wenn ich dies eigentlich gar nicht will? Hier sind viele Aspekte von Identität betroffen. Welche Identitäten bilden die I-Kiribati aus? Welche räumlichen Bezüge gibt es schon jetzt und wie sehen diese aus, wenn sie umgezogen sind, und wie sehen sie dann aus, wenn die Inseln unterhalb des Meeresspiegels liegen? Und welche Grenzziehungen werden vorgenommen in den Gebieten, in denen die I-Kiribati dann leben werden? Welche neuen regionalen, nationalen und globalen Ordnungen wird es dann geben?

Sind alle Länder gleichermaßen von klimabedingter Migration betroffen?

Weltweit sind alle Länder von klimabedingter Migration betroffen. Aber sie sind es in unterschiedlicher Weise. Man kann zwischen Ländern unterscheiden, die unmittelbar von klimabedingter Migration betroffen sind, und solchen Ländern, die mittelbar von ihr betroffen sind.

Unmittelbar betroffen sind Länder, in denen sich die Lebensverhältnisse derart verändert haben, dass den Menschen ein Leben vor Ort nicht mehr möglich erscheint und sie sich zur Migration entscheiden. Außerdem sind diejenigen Länder unmittelbar betroffen, in die in großer Anzahl diese sogenannten Klimamigrantinnen und -migranten einwandern. Hierbei handelt es sich etwa um angrenzende Staaten, die weniger von Extremwetter wie Überschwemmungen oder Dürren betroffen sind.

Mittelbar betroffen sind dagegen alle anderen Staaten der Welt, und sie wiederum in jeweils unterschiedlichem Maße. Finanzielle Belastungen entstehen, etwa durch Unterstützungszahlungen an andere Staaten. So werden etwa innerhalb einer Staatengemeinschaft wie der Europäischen Union die finanziellen Belastungen, die durch derartige Migration entstehen, oft geteilt. Außerdem wirken sich kriegerische Konflikte um knapper werdende Lebensmittel oder bewohnbare Flächen weltweit aus, wenn Regionen politisch destabilisiert sind, Menschen fliehen oder sich Pandemien ausbreiten. Klimawandel erzeugt also zum einen neue Lebensverhältnisse vor Ort. Zum anderen kann daraus ein neues Ungleichgewicht und in der Folge neue oder verstärkte Ungleichheit entstehen: Regionen der Welt werden sich noch stärker in bewohnbar und unbewohnbar ausdifferenzieren. Wenn Menschen aus unbewohnbar gewordenen Regionen migrieren, dann leben mehr Menschen in den Regionen, die noch bewohnbar sind. In den unwirtlichen Regionen kann es zudem zu Konflikten um die Ressourcen kommen, die noch vorhanden sind.

Migration und Gesellschaft oder: warum Migration uns alle betrifft

Die Migration von Menschen wirkt sich in unterschiedlicher Weise auf die Gesellschaft aus, und zwar nicht nur auf die Gesellschaft, in die migriert wird, sondern auch auf die, aus der emigriert wird. Um diese Herausforderungen in den Herkunfts- und Zielländern geht es in diesem Kapitel.

Was passiert in den Gesellschaften, aus denen Menschen auswandern?

Emigration, also die Migration aus einem Land ‚hinaus', hat für das Land, aus dem Menschen emigrieren, massive Folgen. Diese sind gesellschaftlicher und ökonomischer Natur. Die Gesellschaft des Auswanderungslandes betrifft es, da die Emigrant:innen ihre Familien und Freunde verlassen, aus ihren sozialen Netzwerken wie Nachbarschaften, Vereinen, lokalen Gemeinschaften weggehen. Die Gesellschaft verliert damit Menschen, die das soziale Zusammenleben prägen. Sie kann dadurch destabilisiert werden, da es dann weniger Menschen gibt, die sich ehrenamtlich engagieren, füreinander sorgen oder dazu beitragen, die Werte und Normen der Gesellschaft aufrechtzuerhalten.

Gleichzeitig kommt es zu einem Wissenstransfer zwischen Ländern: Wenn die Emigrant:innen den Kontakt zu ihren Angehörigen, Freunden und Bekannten in ihrem Herkunftsland aufrechterhalten, können sie Informationen über ihren neuen Lebensort weitergeben und auf diese Weise dazu beitragen, dass Wissen über Lebensweisen, Einstellungen, Lebensverhältnisse über Staatsgrenzen hinweg weitergegeben wird. So können etwa Stereotype reduziert werden, die über andere Länder und Gesellschaften bestehen. Es können allerdings auch neue Stereotype, Vorurteile oder Narrative entstehen, die dazu beitragen, dass bestimmte Bilder von Nationen, von Ländern oder von Gesellschaften entstehen. Die USA als Land, in dem es jede Person zu etwas bringen kann, wenn er oder sie sich nur richtig anstrengt, wäre hier ein Beispiel – „vom Tellerwäscher zum Millionär" ist das verbreitete Sprichwort.

Die Auswirkungen von → Emigration auf die Gesellschaften der Auswanderungsländer können also positiv und negativ sein. Ähnlich verhält es sich mit den ökonomischen Folgen der Emigration.

In ökonomischer Hinsicht kann eine Gesellschaft unter der Auswanderung leiden oder von ihr profitieren. Wenn es eher arme oder arbeitslose Menschen sind, die auswandern, wird der Staat finanziell entlastet, da er weniger soziale Unterstützungsleistungen zahlen muss. Auch können die Institutionen und Infrastrukturen, etwa der Arbeitslosenhilfe oder der Fürsorgeeinrichtungen, entlastet werden, da für weniger Menschen gesorgt werden muss. Wenn es sich um gut ausgebildete Menschen handelt, die ein Land verlassen, gehen damit Fachkräfte verloren. Dies ist nicht nur für die Wirtschaft eines Landes problematisch. Es ist außerdem eine zusätzliche finanzielle Last, da die Fachkräfte in dem Land ausgebildet wurden, aber durch ihre Auswanderung nicht auf dem heimischen Arbeitsmarkt zur Verfügung stehen und daher nicht zur Wertschöpfung des Landes beitragen können. Man spricht hier von einem *brain drain*: dem Verlust von „Köpfen", das heißt Fachkräften. Allerdings profitieren Auswanderungsländer oft finanziell von den Emigrant:innen, da diese oft an ihre im Land verbliebenen Familienangehörigen Rückzahlungen, sogenannte *remittances*, tätigen (↠ Was sind remittances?): Sie überweisen einen zum Teil großen Anteil ihres Lohnes zurück an Menschen, die weiterhin im Auswanderungsland leben, und tragen damit dazu bei, dass diese Menschen am Leben dort teilhaben können. Indem das Geld für Lebensmittel, Mieten, Dienstleistungen u. Ä. ausgegeben wird, tragen die Emigrant:innen mittelbar zur Wertschöpfung in dem Land bei. Nach Analyse der Worldbank stellen *remittances* im Jahr 2022 weltweit die größte externe Finanzquelle für Regionen mit geringem und mittlerem Einkommen dar (KNOMAD 2022).

Migration verändert die Gesellschaften der Länder, aus denen Menschen auswandern, also auf vielfältige Weise. Ähnliches gilt für die Gesellschaften, in die Menschen im Zuge ihrer Migration kommen.

Was passiert in den Gesellschaften, in die Menschen einwandern?

Migration verändert nicht nur die Menschen, die migrieren, sondern auch die Gesellschaften der Länder, in die die Menschen kommen. In sozialer Hinsicht verändern Migrant:innen die Gesellschaft, in die sie kommen, indem sie andere Lebensweisen und -erfahrungen mitbringen. Je nachdem, wie sehr sich die Lebensweisen, Einstellungen und Praktiken, die sie durch ihre Sozialisation in einem anderen Land erworben haben, von denen der Aufnahmegesellschaft unterscheiden, irritieren sie die Aufnahmegesellschaft mehr oder weniger. Über Migration kommen, allgemein gesprochen, andere Vorstellungen, Ideen und Perspektiven in eine Gesellschaft. Dies kann zu Innovation und zu von der Mehrheit als positiv verstandener Veränderung führen, aber auch zu Konflikten und Abgrenzung.

Damit verbunden ist, dass die Wirkungen von → Immigration auf die Aufnahmegesellschaften auch von der Haltung der jeweiligen

Menschen in der Aufnahmegesellschaft abhängig sind, und von den Haltungen der Immigrant:innen. Wird Immigration als Gefahr für die Aufnahmegesellschaft angesehen, wird durch abwehrende Reaktionen und Diskriminierung das gesellschaftliche Miteinander potenziell destabilisiert. Auch politische Rahmungen und mediale Darstellungen von Immigration und Immigrant:innen können hierzu beitragen (↠ Welche Rolle spielen Medien für unser Bild von Migration?).
Ähnlich verhält es sich, wenn die Immigrant:innen eine abwehrende Haltung gegenüber dem Staat, in dem sie als Immigrant:innen leben, aufweisen und beispielsweise sich nicht an seine Gesetze halten.
Historisch lassen sich für Deutschland unterschiedliche Formen des Umgangs mit und der Anforderungen an Immigrant:innen identifizieren. → Integration, → Akkulturation und → Assimilation bezeichnen dabei unterschiedliche Phasen und Grade der Einbindung von Immigrant:innen in eine Aufnahmegesellschaft (↠ Welche wissenschaftlichen Modelle gibt es, um das Einleben von Migrant:innen in Gesellschaften zu erklären?). Und unterschiedliche Verständnisse von dem Verhältnis zwischen Aufnahmegesellschaft und Migrant:innen. Öffentliche Debatten um sogenannte Parallelgesellschaften und postmigrantische Gesellschaften verweisen ebenfalls auf unterschiedliche Verständnisse der Bedeutung und Rahmung von Migration für Gesellschaften (↠ Was ist eine postmigrantische Gesellschaft?).

Linktipp | Im Regionalatlas der Statistischen Ämter des Bundes und der Länder können die regionalen Unterschiede etwa hinsichtlich der Bevölkerung mit und ohne Migrationshintergrund oder der Einbürgerungsquoten angeschaut werden: https://regionalatlas.statistikportal.de/.

Wie hängen Migration und soziale Ungleichheit zusammen?

Migration und soziale Ungleichheit hängen eng zusammen. Dies liegt daran, dass Migrant:innen in soziale und gesellschaftliche Verhältnisse eingebettet sind und diese Verhältnisse ihre Möglichkeiten zur Migration und zum Umgang mit ihren Folgen beeinflussen. So haben Menschen, die sich in ihrem Herkunftsland in einer sozial oder ökonomisch privilegierten Position befinden, eine andere Ausgangslage, wenn sie migrieren: Sie haben die finanziellen Ressourcen, um sich Flugtickets zu kaufen, sie haben die Kenntnisse, die nötig sind, um sich über ihr Ziel zu informieren, oder sie haben soziale Kontakte, die ihnen Zugang zu Informationen ermöglichen. Sofern sie gut ausgebildet sind, befinden sie sich in einer besseren Ausgangsposition, um in einem anderen Land Arbeit zu finden, als es Menschen sind, die als ungelernte Arbeitskräfte ins Ausland gehen. Diese Kompetenzen und Ressourcen – Geld, Bildung, Netzwerke – entstehen in Gesellschaften zum einen durch eigene Leistung. Zu einem großen Teil sind sie aber auch Resultat von sozialen Ungleichheitsverhältnissen, in die Menschen hineingeboren werden. Und je nachdem, in welcher Gesellschaft sie leben, ist es leichter oder schwerer, aus diesen sozialstrukturellen Zwängen zu entkommen.

In der Aufnahmegesellschaft sind Migrant:innen dann mit ähnlichen, aber auch weiteren Strukturen konfrontiert, die wiederum neue oder modifizierte Formen der sozialen Ungleichheit erzeugen können. Je nach struktureller Offenheit der Aufnahmegesellschaft können die Migrant:innen an wenigen, vielen oder allen Bereichen des öffentlichen Lebens teilhaben. In stark sozial oder national segregierten Gesellschaften gibt es für Menschen, die nicht vor Ort aufgewachsen sind oder die Staatsbürgerschaft des Aufnahmelandes besitzen, nur einen begrenzten Zugang zu den Institutionen und Infrastrukturen des Staates, und die Teilhabemöglichkeiten für Migrant:innen sind daher nur gering ausgeprägt. In diesem Fall verstärkt Migration die soziale Ungleichheit in der Regel noch. In offeneren Gesellschaften mit durchlässigeren sozialen Strukturen ist es für Migrant:innen zumeist leichter, sich einzuleben und an der Gesellschaft teilzuhaben. Hier wirkt Migration deutlich weniger verstärkend für soziale Ungleichheit.

Schließlich haben Migrant:innen, die im Ausland leben, auch einen Einfluss auf die gesellschaftlichen Strukturen in ihren Herkunftsländern. So können sie etwa durch finanzielle Unterstützung ihrer Angehörigen (→ Was sind remittances?) deren sozialen Status vor Ort erhöhen und dazu beitragen, ihnen sozialen oder ökonomischen Aufstieg zu ermöglichen. Auf diese Weise wirkt sich Migration in vielfältiger Weise auf soziale Ungleichheitsverhältnisse aus und ist von ihnen beeinflusst.

Was ist eine postmigrantische Gesellschaft?

Wie nennt man eine Gesellschaft, in der zahlenmäßig zwar nicht die Mehrheit selbst migriert ist, aber nahezu jede:r auf die ein oder andere Weise mit Menschen zu tun hat, die eigene oder familiäre Migrationsgeschichte hat? Diese Frage stellte sich nicht nur die Wissenschaft, sondern auch die Kulturszene. Aus dieser Frage und der Suche nach Antworten entstand der Begriff der postmigrantischen Gesellschaft.

Das Anliegen war es, die „Migrationsgeschichte und deren Folgen [neu zu erzählen]" (Yildiz 2014, 23) und der Bedeutung von Migration, Gastarbeit, Diskriminierung und anderen migrationsbezogenen Phänomenen für die Gesellschaft Rechnung zu tragen. Ausgangspunkt war zum einen die Beobachtung, dass die Migrationserfahrungen unterschiedlicher Menschen in der deutschen Gesellschaft unterschiedlich gewichtet wurden, zum anderen die Tatsache, dass ein wachsender Anteil der Bevölkerung familiäre Migrationsgeschichte aufwies (Schneider 2018, 132). Dies lässt sich nicht nur mithilfe der statistischen Kategorie des → Migrationshintergrunds (→ Was bedeutet die Bezeichnung „Migrationshintergrund"?) messen. Vielmehr zeigte sich, dass immer mehr individuelle Erfahrungen von dieser Migrationsgeschichte geprägt waren, sei es durch eigene oder familiäre grenzüberschreitende Beziehungen oder durch die Kategorisierung und Diskriminierung „als Ausländer" zum Beispiel im Alltag. Hiermit ist gemeint, dass etwa Menschen, die in ein Land nicht selbst migriert sind, sondern in diesem Land als Kinder von Immigrant:innen aufgewachsen sind, dennoch von der sogenannten Mehrheitsgesellschaft als Ausländer:in bezeichnet und im Alltag entsprechend als ‚anders' behandelt werden (vgl. Yıldız 2018, z. B. 56). Und diese Erfahrungen wiederum prägen das Leben der Menschen in der deutschen Gesellschaft und lassen sie zu einer postmigrantischen werden, für die auch solche Erfahrungen und Lebenswelten konstitutiv sind.

Hinzu kommt die Tatsache, dass heute ein gutes Viertel der Menschen in Deutschland einen → Migrationshintergrund hat und damit eigene oder familiäre Migrationserfahrungen hat. Diese Zahl wird noch steigen, da der Anteil der Menschen mit Migrationshintergrund steigt, je jünger sie werden. Perspektivisch wird die Gesellschaft in Deutschland also noch mehr von den vielfältigen migrationsbezogenen Erfahrungen dieser Menschen geprägt sein. Dies führt zu einer Situation, in der die Gesellschaft zunehmend von einem Leben ‚nach' der Migration (d. h.: post-migrantisch) geprägt sein wird (Mecheril 2014; Foroutan 2018). Und genau dies ist eine postmigrantische Gesellschaft: eine, die die Zugehörigkeit und Teilhabemöglichkeiten ihrer Mitglieder, ihre Institutionen und Strukturen vor dem Hintergrund unterschiedlicher und oftmals von Migration geprägter Erfahrungen aushandelt und neu formuliert.

Linktipp | Naika Foroutan gibt einen Überblick über die Merkmale der postmigrantischen Gesellschaft bei der Bundeszentrale für politische Bildung: https://www.bpb.de/themen/migration-integration/kurzdossiers/205190/die-postmigrantische-gesellschaft/.

Daten zur Bevölkerung mit Migrationserfahrung finden sich auf den Seiten des Statistischen Bundesamtes: https://www.destatis.de/DE/Themen/Gesellschaft-Umwelt/Bevoelkerung/Migration-Integration/Tabellen/liste-migrationshintergrund-geschlecht.html#116670.

Wie hängen Wirtschaft und Migration zusammen?

Ein Grund, der häufig verwendet wird, um Migration zu erklären, ist der wirtschaftliche Grund. Damit wird ein enger Zusammenhang von Wirtschaft und Migration angenommen, bei dem wirtschaftliche Verhältnisse Triebkraft für Migration, aber auch Profiteure von Migration sein können. In der Theorie segmentierter Arbeitsmärkte werden Wanderungsbewegungen unter Bezugnahme auf Volkswirtschaften erklärt. Man geht davon aus, dass der Arbeitsmarkt eines Ziellandes durch Beschäftigungssegmente gekennzeichnet ist, die vergleichsweise stark voneinander separiert sind. In diesen Arbeitsmarktsegmenten liegen unterschiedliche Lohnniveaus vor. Außerdem ist die Beschäftigung in den Segmenten mit unterschiedlich hohem sozialem Prestige verbunden. Sichtbar ist dies zum Beispiel in Metropolen wie New York und London. Sie sind die Verortungen dieser ungleichen Beschäftigungsformen, wenn sie Orte sowohl der hoch bezahlten Wirtschaftsunternehmen als auch der schlecht bezahlten Angestellten von *coffee shops* und Reinigungsfirmen sind. Diese unterschiedlich ausgestatteten Beschäftigungssegmente führen dazu, dass von den einheimischen Arbeitnehmer:innen bestimmte – besser bezahlte, prestigeträchtigere – Segmente eher nachgefragt werden als andere. In diesen anderen Segmenten entsteht dann ein großer Bedarf an Arbeitskräften, die sich mit schlechterer Bezahlung und weniger sozialem Prestige zufriedengeben. Nach der Theorie der segmentierten Arbeitsmärkte sind dies dann die Segmente, in denen vorzugsweise ausländische und migrantische Arbeitskräfte beschäftigt sind. Der Grund für internationale Wanderungen ist nach dieser Argumentation, dass in bestimmten Beschäftigungssegmenten Nachfrage nach einer bestimmten Form an Arbeitskräften besteht. Diese Nachfrage wird vor allem durch den Zuzug von ausländischen, schlechter ausgebildeten und ärmeren Bevölkerungsgruppen erfüllt. Hier geht es also um die weltweite Verteilung von Humankapital, die Migrationsbewegungen antreibt: Damit ist die Wirtschaft Triebkraft von Migration.

Ein weiterer Erklärungsversuch wird der Weltsystemtheorie und der sogenannten Neuen Internationalen Arbeitsteilung zugerechnet. Innerhalb dieser Theorien werden internationalen Wanderungen mit der Durchsetzung des Kapitalismus als globaler Wirtschaftsform erklärt. Als Konsequenz lässt sich beobachten, dass Unternehmen weltweit vernetzt sind und sich spezifische räumliche Muster der Produktion und Distribution von Waren und damit der Arbeitsmärkte herausbilden. Diese These, die an Wallersteins Weltsystemtheorie anschließt, ist, dass sich ein auf besondere Weise strukturierter Weltmarkt durchsetzt. Dieser ist gekennzeichnet durch

1. asymmetrische Abhängigkeitsbeziehungen zwischen Staaten, die Unternehmens- bzw. Produktionsstandorte sind,
2. die Desintegration von Staaten, die dies nicht sind,
3. die Mobilität von Arbeitskräften aus den desintegrierten Staaten.

Global betrachtet sind die Beziehungen zwischen Staaten in diesem Weltsystem asymmetrisch: In einigen Ländern wird produziert, in anderen entstehen Ideen, in wieder anderen werden Ideen und Produkte zu Geld gemacht. Das ist eine spezifische Form von internationaler Arbeitsteilung. Und einige Regionen der Welt sind gar nicht Teil dieser Beziehungen, sie sind vom Weltmarkt desintegriert. Aus diesen Staaten oder Regionen machen sich die Menschen auf, um ihre Arbeitskraft in anderen Regionen einzusetzen und damit am Weltmarkt teilzuhaben; so werden diese Arbeitsmigrant:innen dann Teil der internationalen Arbeitsteilung.

Hier profitiert die Wirtschaft von der Migration der Arbeitskräfte: Damit ist sie Profiteur von Migration.

Wie verändert Migration den Arbeitsmarkt der Einwanderungsländer?

In wirtschaftlicher Hinsicht ist es insbesondere der Arbeitsmarkt, der die Auswirkungen von Einwanderung, d. h. → Immigration, zu spüren bekommt. Wenn Fachkräfte einwandern, dann profitieren die Wirtschaften in den Zielländern sehr davon. Hier spricht man von einem *brain gain,* da man „Köpfe", d. h. Fachkräfte, gewinnt. Auch Bereiche, in denen Arbeitsstellen wenig attraktiv sind, weil sie schlecht bezahlt sind oder mit großer physischer oder psychischer Belastung einhergehen, profitieren oft von Immigrant:innen. Kommen diese aus Ländern mit niedrigeren Arbeitslöhnen oder Arbeitsschutzstandards, sind sie oft bereit, Tätigkeiten zu übernehmen, die etwa deutsche Arbeitskräfte für kaum zumutbar halten, weil sie im Vergleich zu ihrem Herkunftsland immer noch viel verdienen (Statista 2024).

Zuwanderung kann auf dem Arbeitsmarkt allerdings auch zu einem Mehr an Arbeitskräften und damit zu höherem Wettbewerb um Stellen führen. Dies kann zu Spannungen unter Arbeitnehmer:innen und zu Ressentiments gegenüber zugewanderten Arbeitskräften führen.

Derartige Spannungen und Konflikte können aber auch entstehen, wenn es zu einem Unterlaufen etablierter Arbeits- und Lohnbedingungen kommt. Das ist etwa der Fall, wenn zugewanderte Arbeitskräfte mit geringeren Löhnen zufrieden sind, da sie die Löhne an den niedrigeren Lebenshaltungskosten in ihren Herkunfts- und nicht an den höheren Lebenshaltungskosten in den Zielländern messen. In Deutschland sind Tarif- und Mindestlohnvereinbarungen ein Weg, um ein solches Unterlaufen von Gehältern zu verhindern und sozialen Frieden zu gewährleisten.

Führt Migration zur Entstehung von Ghettos?

Häufig wird in der öffentlichen Debatte die Frage nach Migration mit der Frage verbunden, wo die Migrantinnen und Migranten leben. Und manchmal ist zu hören, dass zugewanderte Menschen in Ghettos lebten, in denen sie räumlich separiert und damit sozial desintegriert leben würden. Verbunden wird dies dann oft mit der sogenannten sozialräumlichen Segregation von Menschen mit ähnlichem sozialem Hintergrund oder ähnlicher Geschichte, in diesem Fall: Zuwanderung. Die Stadtteile Berlin-Neukölln oder Bremen-Gröpelingen sind Beispiele für derartige, medial oft genannte, sozialräumliche Segregationsprozesse.

Hierzu ist zweierlei wichtig zu wissen: Sozialräumliche Segregation, d. h. die räumliche Separierung von unterschiedlichen sozialen Gruppen, ist ein grundsätzlich weit verbreitetes Phänomen (Häußermann 2008). Es wird vor allem dann problematisiert, wenn die Gruppe(n), die sich räumlich separieren, ein negatives Image in einer Gesellschaft haben oder ihre räumliche Abgrenzung auch mit einer expliziten Abwendung von der Gesellschaft, in der sie leben, zusammengeht (Alisch 2018, 509). Das heißt: Hochqualifizierte Migrant:innen, die in gut bezahlten Berufen arbeiten und in Großstädten wie New York, Den Haag oder London in sogenannten *expat communities* leben, sind ebenso sozialräumlich segregiert wie die Gruppe der einheimischen Mittelschichtsfamilien, die in homogen strukturierten Vororten von Graz oder Köln leben. Und ähnlich segregiert wie die mehrheitlich ausländische Bevölkerung in Bremen-Gröpelingen oder Brüssel-Molenbeek.[2] Problematisiert wird aber in erster Linie das sozialräumlich abgegrenzte Leben der Menschen in Bremen-Gröpelingen oder in Brüssel-Molenbeek und nicht das Leben der abgegrenzt lebenden Menschen in *expat communities.* In beiden Fällen handelt es sich um Stadtteile, deren Bewohner:innen eine bestimmte Migrationsgeschichte aufweisen: → Flucht- und Arbeitsmigration, letztere eher im Niedriglohnsektor. Hier wird eine bestimmte Form von Migration, die im öffentlichen Diskurs negativ konnotiert ist, mit einer bestimmten Form des Lebens vor Ort, der sozialräumlich segregierten, zusammengebracht und in eine direkte kausale Verbindung gebracht. Und diese wird dann zum Teil als Ghetto beschrieben (Reinecke 2022).

Aber, und das ist der zweite wichtige Punkt, diese kausale Beziehung zwischen der sozialräumlichen Verortung und der Integration von Menschen gibt es nicht. Vielmehr kann räumliche Nähe von Menschen mit ähnlichen sozialen Hintergründen und Erfahrungen sowohl positive als auch negative Effekte haben (Farwick 2008). Das Suchen der Nähe von Menschen mit ähnlichen (Wohn-)Präferenzen lässt sich weltweit beobachten. Im Fall von

---

2 Ich wähle hier explizit Stadtteile, die im öffentlichen medialen Diskurs in Deutschland als sozialräumlich segregierte und negativ stigmatisierte Stadtteile bekannt sind und als solche (re)produziert werden. Dabei reproduziere ich die Stereotype allerdings auch (→ Welche Rolle spielen Medien für unser Bild von Migration?).

Menschen, die in eine neue Gesellschaft migrieren, kann sich die Nähe hinsichtlich (Migrations-)Erfahrungen und Lebensort positiv auswirken, wenn neu Zugezogene vom Wissen und von den Netzwerken der schon länger vor Ort lebenden, aber ursprünglich auch migrierten Menschen profitieren (→ Welche Rolle spielen die Orte, an denen Migrant:innen leben?). Wenn dieselbe Sprache gesprochen wird, kann das Einleben vor Ort leichter sein, und Informationen über den Alltag und die neue Gesellschaft können besser weitergegeben werden. Kurz gesagt: Durch die Menschen im nahen Umfeld, die ähnliche Erfahrungen gemacht haben und einen ähnlichen Hintergrund aufweisen, kann das Fremde weniger fremd und dadurch zugänglicher erscheinen (Häußermann und Siebel 2007; Fischer-Krapohl 2010; Schmiz 2011).

Die räumliche Nähe von Menschen mit ähnlichem Hintergrund kann sich aber auch negativ auswirken, etwa wenn sich darüber Netzwerke mit kriminellen Absichten bilden oder sich selbst-exkludierende Strukturen in einem Stadtteil herausbilden. Diese negativen Effekte von sozialräumlicher Segregation sind aber nicht ursächlich auf Migration zurückzuführen, ebenso wenig wie es die Existenz sozialräumlich segregierter Stadtteile als solche oder „Ghettos" sind.

Linktipp | Das Transferprojekt RADIS hat auf seiner Website eine Vielzahl an Informationsmaterialien zum Zusammenhang von Räumen und gesellschaftlicher Radikalisierung zusammengestellt (https://www.radis-forschung.de/mediathek).

Was bedeutet räumliche Segregation für die soziale Integration von Migrant:innen?

Räumliche Segregation kann sich in unterschiedlicher Weise auf die Integration von Migrant:innen auswirken. Dahinter steht eine übergeordnete Frage: Welche Bedeutung hat es für eine Gesellschaft, wenn Menschen räumlich getrennt voneinander leben? In der öffentlichen und politischen Debatte nimmt man oft schnell an, dass sich räumliche Segregation negativ auf das Einleben von Migrant:innen in die Gesellschaft und damit auf ihre soziale Integration auswirken würde. Dies liege daran, dass Migrant:innen durch das Zusammenleben am selben Ort mit Menschen der Aufnahmegesellschaft diese schneller kennenlernen würden und sich so auch die Lebensweisen und Normen der Gesellschaft schneller und besser aneignen könnten. Wissenschaftliche Studien zeigen aber, dass auch hier das Bild komplexer ist. Der Geograph Andreas Farwick (2008) untersuchte in einer quantitativen Studie, welche Bedeutung es für die soziale Integration von Migrant:innen hat, ob sie sozialräumlich segregiert wohnen. Damit untersuchte er eine häufig geäußerte These: dass Segregation der Integration abträglich ist.

Wenn man sich die Ergebnisse seiner Untersuchung anschaut, so ist die Antwort auf diese Frage aber längst nicht so eindeutig, wie landläufige Annahmen das vermuten lassen würden. Seine Untersuchung führt u. a. zu diesen drei Ergebnissen:

- Räumliche Segregation ethnischer Gruppen behindert die Integration nicht zwangsläufig.
- Mobilität und Kommunikationstechnologien ermöglichen soziale Inklusion bei räumlicher Distanz.
- Je geringer ausgeprägt das Sprach- und Bildungsniveau der Migrant:innen, desto weniger Kontakte bestehen zur Aufnahmegesellschaft.

Integration vor Ort ist also nicht einfach darüber erklärt, dass man sagt: Wenn man nur nebeneinander wohnt, wird alles gut. Sondern auch hier sind spezifische räumliche, soziale, politische, individuelle Kräfte am Werk.

Führt Migration zu Kriminalität?

Wenn Migration in einer Gesellschaft problematisiert wird, wird oft die Kriminalitätsstatistik als Beleg herangezogen, um zu zeigen, dass mit Migration die Kriminalität steigt. Die verbreitete Annahme ist, dass Migration mit einem Anstieg an Kriminalität einherginge, wobei die kriminellen Taten von den zugewanderten Personen begangen werden. Betrachtet man die Kriminalistätsstatistik für Deutschland[3], so zeigt diese in der Tat, dass Ausländer und Ausländerinnen im Vergleich

3 Bei den hier verwendeten Zahlen zu dokumentierten Straftaten werden Verstöße gegen das Aufenthaltsrecht nicht eingerechnet, um die Vergleichbarkeit der Daten zu gewährleisten.

zu deutschen Staatsbürgern und Staatsbürgerinnen „eine relevante Gruppe“ (Walburg 2020) darstellen. Laut Kriminalstatistik war im Jahr 2020 ein Drittel (33,7 %) der Tatverdächtigen nichtdeutscher Herkunft; die Mehrheit, nämlich 50,2 %, war deutscher Herkunft.

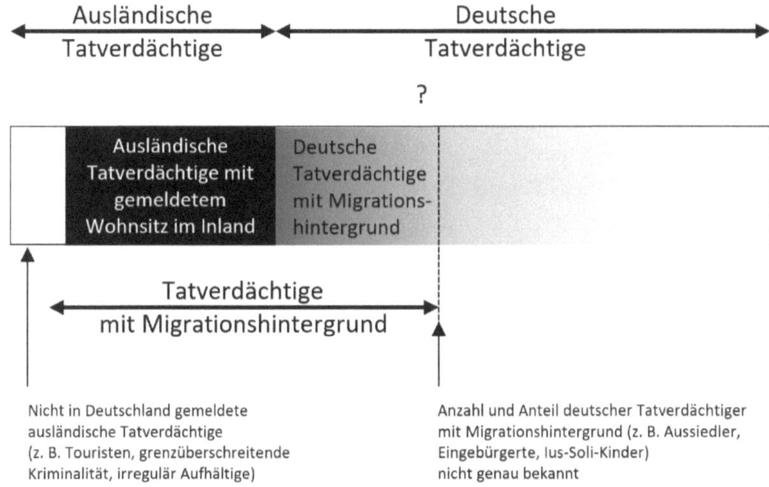

Abbildung 4 | Tatverdächtige in Deutschland, aufgeteilt nach ihrer Herkunft (eigene Darstellung nach Christian Walburg, in: https://www.bpb.de/themen/innere-sicherheit/dossier-innere-sicherheit/301624/migration-und-kriminalitaet-erfahrungen-und-neuere-entwicklungen/)

Diese Werte sind seit 2017 stabil; im Jahr 2010 lag der Anteil der nicht deutschen Tatverdächtigen an Straftaten noch bei 21,9 %, ein Wert, der zur damaligen Zeit ebenfalls eine recht stabile Situation widerspiegelte (Innenministerkonferenz 2021, 33). Dies sagt allerdings noch nichts über Migration aus, da als „Nichtdeutsche“ auch Personen gelten, die in Deutschland aufgewachsen sind, aber nicht die deutsche Staatsbürgerschaft haben. Ebenso zählen dazu Durchreisende, Tourist:innen sowie diejenigen, die gezielt für Straftaten nach Deutschland einreisten.

Betrachtet man lediglich die Straftaten, die von denjenigen zugewanderten Personen begangen werden, die ohne dauerhafte Aufenthaltserlaubnis in Deutschland leben, sind die Zahlen deutlich geringer. So verzeichnet das Bundeskriminalamt für 2021 unter den Tatverdächtigen

7,1 % Zugewanderte. Bei den aufgeklärten Straftaten sind 8,6 % der Täterinnen und Täter Migrantinnen oder Migranten.
Es lässt sich also sagen, dass es zwar eine merkbare Gruppe an Menschen mit Einwanderungsgeschichte gibt, die kriminell werden oder sind. Es lässt sich allerdings nicht sagen, dass Migration selbst zu einem signifikanten Anstieg an Kriminalität führt. In den Kriminalitätsstatistiken lassen sich für die Zeitpunkte nach größeren Migrationsbewegungen, etwa dem Jugoslawienkrieg in den 1990ern Jahren oder der Fluchtmigration 2015, zwar jeweils Anstiege bei der Anzahl nichtdeutscher Tatverdächtiger feststellen. Aber diese Anstiege sind nicht proportional zur Anzahl der Migrantinnen und Migranten; vielmehr „[legen genauere] Berechnungen zur Registrierungshäufigkeit in der ausländischen Wohnbevölkerung [nahe], dass die Gesamt-Tatverdächtigenanteile (mit etablierteren und neu zugewanderten Ausländern) über die Jahre relativ konstant geblieben sind." (Walburg 2020) Migration führt also nicht selbst zu Kriminalität. Vielmehr sind Migrationserfahrungen oder die nichtdeutsche Staatsbürgerschaft von Tatverdächtigen und Täter:innen mögliche Variablen neben anderen, etwa Geschlecht oder Alter, nach denen man Kriminalität analysieren kann.

Führt Migration zu „Sozialtourismus"?

Migration wird in der Öffentlichkeit und in der Politik oft auch im Zusammenhang mit Sozialleistungen diskutiert. In diesem Zusammenhang wird von Migrantinnen und Migranten ein Bild gezeichnet, das sie als Empfängerinnen und Empfänger von Leistungen wie Wohngeld oder Kindergeld zeichnet, ohne selbst, etwa durch sozialversicherungspflichtige Beschäftigung, zum Sozialstaat beizutragen. Teilweise wird zugewanderten Menschen auch unterstellt, gezielt aufgrund der Unterstützungsleistungen für den Lebensunterhalt oder die Wohnung (seit 2022 als Bürgergeld bezeichnet) nach Deutschland zu ziehen und diese Bezüge systematisch und ohne Berechtigung erlangen zu wollen. Bezeichnungen wie „Sozialtourismus" werden in diesem Zusammenhang aufmerksamkeitsheischend und oft medial verstärkt verwendet, um Migration als eine Gefahr für den Sozialstaat darzustellen. In Deutschland erfüllt ein solcher unberechtigter

Bezug von Sozialleistungen wie Bürgergeld den Straftatbestand des Sozialleistungsbetrugs.

Schaut man sich die statistisch erfassten Verdachtsfälle des Sozialleistungsbetrugs an, so waren im Jahr 2021 33,3 % der Tatverdächtigen nichtdeutscher Herkunft (Bundeskriminalamt 2022, 61). Das bedeutet, dass ein Drittel derjenigen, die im Verdacht stehen, unrechtmäßig staatliche Unterstützungsleistungen zu erhalten, nichtdeutsche Staatsbürger und Staatsbürgerinnen sind. Allerdings gibt es damit noch keinen direkten Bezug zu Migration: Es gibt keine Daten darüber, ob diese Personen in Deutschland aufgewachsen oder wann und aus welchem Grund sie nach Deutschland migriert sind. Setzt man zudem die Zahlen ins Verhältnis zur Zahl der über 18-jährigen, nichtdeutschen Menschen, die in Deutschland leben, ergibt sich für 2021, dass auf eine Million erwachsene Ausländer und Ausländerinnen, die in Deutschland leben, fünf des Sozialleistungsbetrugs verdächtig sind. Das sind im Vergleich zu den deutschen Erwachsenen zwar mehr als dreimal so viele (1,4 Personen auf eine Million), aber dennoch quantitativ wenige Menschen. Und selbst wenn man nun sowohl außen vor lässt, dass nichts über die Migrationsgeschichte der Tatverdächtigen ohne deutsche Staatsbürgerschaft bekannt ist, und annehmen würde, dass diese Menschen alle kürzlich migriert wären, als auch eine Dunkelziffer von nicht bekannten Betrugsfällen einrechnen würde, müsste man zu dem Schluss kommen, dass Migration nicht zu einem „Sozialtourismus" führt, da es einen solchen Tourismus faktisch nicht gibt.

Das bedeutet nicht, dass Migration mit dem Ziel, Sozialleistungen unrechtmäßig zu erhalten, nicht auftritt. Und das erklärt auch die mögliche Differenz zwischen subjektiver Wahrnehmung und Datenlage: Bürger:innen nehmen den vereinzelt auftretenden Sozialbetrug von Migrant:innen vor Ort wahr und erfahren ihn individuell, sehen aber nicht immer, dass es sich dabei, bundesweit betrachtet, um einen von wenigen Einzelfällen handelt. So kann es dazu kommen, dass eine verzerrte Wahrnehmung der Situation und Stereotype entstehen, die wiederum von Medien oder Populist:innen aufgegriffen werden können.

Welche Bedeutung hat Migration für organisierten Sozialleistungsbetrug?

Ein weiterer Fall, der im Zusammenhang mit den möglichen negativen Folgen von Migration für eine Aufnahmegesellschaft öffentlich diskutiert wird, ist der systematische, von Gruppen organisierte Sozialleistungsbetrug, der sich die Freizügigkeitsregelung innerhalb der EU zunutze macht. Diesen gibt es in Deutschland, wie die Bundesregierung auf eine kleine Anfrage im Jahr 2019 feststellte (Bundesministerium für Arbeit und Soziales 2019, 3).

In einem solchen Fall nutzen Staatsbürgerinnen und Staatsbürger aus einem anderen EU-Staat ihre Sonderstellung im → Aufenthaltsrecht, die es ihnen erlaubt, vergleichsweise einfach in einen anderen EU-Staat – etwa Deutschland – einzureisen und dort eine Arbeit aufzunehmen. Laut §2 des „Gesetzes über die allgemeine Freizügigkeit von Unionsbürgern" haben sie als Arbeitstätige das Recht auf Aufenthalt in einem anderen EU-Land. Dokumentiert sind nun Fälle von „bandenmäßige[m] Leistungsmissbrauch" (Wissenschaftliche Dienste des Deutschen Bundestags 2022, 14). Von einem solchen wird gesprochen, wenn eine abhängige oder selbstständige Arbeit lediglich vorgetäuscht wird und dann Sozialleistungen wie etwa Wohn- oder Kindergeld beantragt werden, die an Verwandte im Herkunftsland gehen. Als „bandenmäßig" lässt sich der Betrug dann bezeichnen, wenn nicht Individuen situativ die rechtlichen Verhältnisse ausnutzen, sondern dies von Gruppen gezielt und systematisch getan wird. Wie kann so etwas geschehen? Indem die Menschen, die migriert sind, im Zielland oft in sehr ärmlichen Verhältnissen leben und zudem von den Organisatoren oder Organisatorinnen des Betrugs ausgenutzt werden.

Der Sozialleistungsbetrug ist daher mit einer spezifischen Form der Migration und ihrer rechtlichen Regelung verbunden. Er funktioniert unter anderem durch das Gefälle der Lebenshaltungskosten innerhalb der EU: Ein an die Lebensverhältnisse in Deutschland angepasstes Kindergeld ist für Menschen, die in einem Land wie Rumänien mit deutlich niedrigeren Lebenshaltungskosten leben, ein sehr hoher Betrag, der einen solchen Betrug ökonomisch attraktiv macht. Ein solches Vorgehen ist Betrug, weil die Migrant:innen Unterstützungsleistungen in Anspruch nehmen, ohne Teil des Solidarsystems zu sein – d. h.,

ohne selbst, etwa durch Steuern aus ihrer Erwerbstätigkeit, etwas beizutragen.
Dieses Phänomen ist vorhanden, allerdings nehmen die Fälle von Sozialleistungsbetrug seit 2016 insgesamt ab; 2019 lagen sie bei 94.635 dokumentierten Fällen, ein Rückgang um etwa 22 % gegenüber 2016 (Wissenschaftliche Dienste des Deutschen Bundestags 2022, 10).

Fühlen sich Menschen ohne Aufenthaltsrecht zu einer Gesellschaft zugehörig?

Zugehörigkeit zu einer Gesellschaft wird durch funktionale und emotionale Bindung an diese Gesellschaft hergestellt. Funktionale Zugehörigkeit heißt, bestimmte Rechte zu haben, etwa das Recht, sich in einer Gesellschaft aufzuhalten. Dieses Recht erhalten Migrantinnen und Migranten etwa, indem sie aufgrund zwischenstaatlicher Abkommen oder ihres Asylstatus bleibeberechtigt sind. Für Menschen, die ohne formales → Aufenthaltsrecht in einer Gesellschaft leben, stellt sich die Situation demzufolge anders da, da sie auf diese funktionale Zugehörigkeit nicht zurückgreifen können. Diese Menschen sind mehr noch als andere darauf angewiesen, dass sie informelle Unterstützung erhalten, etwa über Netzwerke. In einem Bericht des Bundesamts für Migration und Flüchtlinge heißt es dazu:

> »‚Migranten sind beim illegalen Aufenthalt auf Unterstützung angewiesen. Die illegale Einwanderung gelingt nur, wenn sie von der aufnehmenden Gesellschaft toleriert, nachgefragt und im weitesten Sinne sogar unterstützt wird' (Cyrus, 2004: 28). Solche Unterstützungsleistungen sind z. B. notwendig, um eine Unterkunft und eine Arbeitsstelle zu finden und sich im Krankheits- oder Verletzungsfall medizinisch versorgen zu lassen. Je stärker illegale Migranten in entsprechende Netzwerke eingebunden sind, desto ‚stabiler' ist ihr Leben in der Illegalität – desto abhängiger sind sie aber möglicherweise auch von anderen.« (Worbs 2005, 11, Herv. i. O.)

Die Situation von Menschen ohne → Aufenthaltsrecht ist demzufolge sehr prekär. Zum einen, da sie sich ohne rechtlich abgesicherten Status im Land befinden, keine Ansprüche auf sozialstaatliche oder juristische Hilfe haben und stets Gefahr laufen, aufgrund ihres Status als ‚Illegale' festgenommen und abgeschoben zu werden. Zum anderen, da sie sich in starker sozialer, emotionaler und oft auch finanzieller Anhängigkeit von Menschen in ihren

Netzwerken befinden, die sie unterstützen. Netzwerke der Unterstützung bestehen aus Personen, aber auch aus Institutionen. Über diese Netzwerke ist es möglich, an Unterkunft, Arbeit, aber auch medizinische Versorgung zu gelangen.

Es sind diese funktionalen Gründe, die gerade (Groß-)Städte für Menschen ohne Aufenthaltsrecht attraktiv machen, beispielsweise Arbeitsmöglichkeiten oder „Unterstützungsleistungen" (Worbs 2005, 10), die von Menschen aus demselben Herkunftsland oder mit der gleichen ethnischen Zugehörigkeit getätigt werden.

Was heißt Gastarbeitermigration?

Die Migration von sogenannten ‚Gastarbeitern' ist eine besondere Form der Arbeitsmigration, die ihre Wurzeln in Deutschland in der Zeit nach dem 2. Weltkrieg hat. In der damaligen Bundesrepublik Deutschland kam es im Zuge des ökonomischen Wachstums nach dem Zweiten Weltkrieg, des sogenannten Wirtschaftswunders, zu einem Arbeitskräftemangel. Diesen Mangel versuchte man mit gezielter, politisch unterstützter Arbeitsimmigration nach Deutschland auszugleichen. Dazu wurden Anwerbeabkommen mit ausgewählten Staaten geschlossen. Insbesondere Italien, die Türkei, Griechenland und das damalige Jugoslawien waren Ziel der Anwerbung von Arbeitsmigrant:innen (Fachkommission Integrationsfähigkeit 2020, 20). Da in diesen Staaten in einigen Regionen hohe Arbeitslosigkeit herrschte, traf dieses Ansinnen Deutschlands bei den dortigen Regierungen durchaus auf Zustimmung (Hillmann 2016, 116 ff.). In dieser Hinsicht waren es ganz besonders sogenannte *push/pull*-Faktoren (→ Welche vier Faktorengruppen sind im Push-pull-Modell relevant?), die diese Arbeitsmigration rahmten: hohe Arbeitslosigkeit in den Herkunftsstaaten der Arbeitsmigranten (*push*-Faktor), hohe Nachfrage nach Arbeitskräften im Zielland Deutschland und durch die Abkommen erleichterte Migrationsmöglichkeit (*pull*-Faktoren). Die Anwerbeabkommen waren bis in die 1970er Jahre wirksam. Da sich die wirtschaftliche Lage in Deutschland in den 1960er und 1970er Jahren verschlechterte, wurde die Situation auf dem westdeutschen Arbeitsmarkt wieder angespannter. 1973 kam es daher auch zu einem Anwerbestopp, da keine weiteren ausländischen Arbeitskräfte erwünscht waren (Oltmer 2012).

In Deutschland arbeiteten die männlichen Arbeitsmigranten insbesondere im industriellen und agrarischen Sektor und dort in den Bereichen, die wenig bis keine Zusatzqualifikationen erforderten, schlecht bezahlt und körperlich belastend waren (Oltmer 2012; Hillmann 2016, Kap. 3.6). Weibliche Arbeitskräfte arbeiteten zudem auch in der Textilindustrie und im Dienstleistungsgewerbe (Mattes 2019).

Linktipp | In dem Podcast „Deutschland – Einwanderungsland“ der Bundeszentrale für politische Bildung werfen Hüysein Topel und Fatih Aktürk einen Blick auf die Situation der Gastarbeiter:innen in Deutschland: https://www.bpb.de/mediathek/podcasts/einwanderungsland/521395/folge-1-die-geschichte-der-gastarbeiterinnen-und-gastarbeiter-in-der-bundesrepublik-deutschland/.

Waren Gastarbeiter Gäste in Deutschland?

Der Begriff „Gastarbeit“ etablierte sich in Deutschland für diese besondere Form der Migration, da die Arbeitsmigration aus Sicht der Unternehmen und der Politik auf Zeit angelegt war: Die Aufenthaltsgenehmigung wurde den ausländischen Arbeitskräften nur befristet erteilt, und ein Rotationsmodell „sah vor, dass sie nach Ablauf einer Aufenthaltsfrist in ihre Heimatländer zurückkehren und andere an ihre Stelle treten sollten.“ (Bundeszentrale für politische Bildung 2020) In der Realität blieben viele der angeworbenen Arbeitskräfte allerdings in Deutschland. Zum einen, weil die Unternehmen als Arbeitgeber ferststellten, dass es mühsam war, immer wieder neue Mitarbeiter:innen einzuarbeiten, wenn die ausländischen Arbeiter:innen wie vorgesehen rotierten. Zum anderen, da sich die Menschen, wie andere auch, die an einen neuen Ort ziehen, einlebten und Netzwerke aufbauten. Mit der Zeit bemühten sich auch immer mehr Arbeitsmigrant:innen, ihre Familienangehörigen nachziehen zu lassen, oder gründeten selbst Familien in Deutschland. Nicht Gast zu sein war das Ziel, sondern zu bleiben und Teil der Gesellschaft in Deutschland zu sein.

So war Gastarbeit als Terminus lediglich eine Bezeichnung für den politischen Willen, temporäre Aufenthaltserlaubnisse für Ausländer:innen zu erteilen, damit diese in Deutschland arbeiten konnten. Sie waren arbeitende Gäste, und die in Deutschland lebende Bevölkerung, ihre Politiker:innen und die Wirtschaftsvertreter:innen blieben bei diesem Verständnis auch dann noch, als schon deutlich wurde, dass viele der Arbeitsmigrant:innen in Deutschland bleiben würden.

Die „Gäste" waren aber nicht zu Besuch, wie sich zeigte, sondern wurden Teil der Gesellschaft in Deutschland und tragen heute dazu bei, dass Deutschland eine → Migrationsgesellschaft ist. Aber die Tatsache, dass der Terminus der Gastarbeiter:innen sich etabliert hatte und noch heute verwendet wird, um eine ganze Generation von Immigrant:innen zu beschreiben, zeigt auch, dass es in Deutschland erst langsam ein Bewusstsein dafür gibt, dass diese → Immigration nie nur temporär war.

Linktipps | Der Migrationsforscher Marcel Berlinghoff erklärt die Migrationsgeschichte Deutschlands im Video: https://www.bpb.de/mediathek/video/233581/migrationsgeschichte-deutschlands/.

Was ist besonders an der Migration der Spätaussiedler:innen?

In Deutschland gibt es noch eine weitere besondere Form der Migration, genauer: der → Immigration. Als Folge der Vertreibungen im Zuge des Zweiten Weltkrieges wurde einer Gruppe von Menschen zugesichert, mit einem bestimmten Verfahren nach Deutschland einwandern zu können. Es handelt sich hierbei um die Gruppe der sogenannten → Spätaussiedler und Spätaussiedlerinnen, die als „ethnisch definierte Opfer von Verfolgung [einen speziellen Status]" (Panagiotidis 2018) zugesprochen bekommen.

Nach dem deutschen Verfassungs- und Staatsangehörigkeitsrecht haben Menschen, die eine sogenannte „deutsche Volkszugehörigkeit" (Wissenschaftliche Dienste 2019, 4) aufweisen, das Recht auf die deutsche Staatsangehörigkeit (Gesetz über die Angelegenheiten der Vertriebenen und Flüchtlinge (Bundesvertriebenengesetz – BVFG). § 4 Spätaussiedler, o. J.). Dies ist etwas, das sie fundamental von anderen ausländischen Einwanderern unterscheidet. Diese besondere Stellung ist historisch begründet. Laut Artikel 116, Absatz 1 des Grundgesetzes gilt eine besondere Gruppe von Menschen als sogenannte „Statusdeutsche". Dies sind Menschen, die „als Flüchtling oder Vertriebener deutscher Volkszugehörigkeit oder als dessen Ehegatte oder Abkömmling in dem Gebiete des Deutschen Reiches nach dem Stande vom 31. Dezember 1937 Aufnahme gefunden [haben]" (Wissenschaftliche

Dienste 2019, 3 f.). Sie haben dieselben Rechte und Pflichten wie deutsche Staatsangehörige und damit auch das Recht, die deutsche Staatsbürgerschaft zu erhalten und auf Bundesgebiet zu leben.

In den 1990er Jahren gab es den größten Zuzug von sogenannten → Spätaussiedler:innen nach Deutschland, wovon wiederum der überwiegende Teil aus den Republiken der ehemaligen Sowjetunion stammte (siehe Tabelle 2 und Abbildung 5). Seit dem Jahr 2000 hat die Anzahl an Spätaussiedler:innen, die nach Deutschland ziehen, deutlich abgenommen.

	ehem. Sowjetunion	Polen	Rumänien	ehem. Tschechoslowakei	ehem. Jugoslawien	Ungarn	sonstige
1950-1959	13.580	292.181	3.454	20.361	57.517	4.400	46.732
1960-1969	8.571	110.618	16.294	55.733	21.108	3.815	5.377
1970-1979	56.592	202.711	71.415	12.278	6.205	3.757	2.423
1980-1989	176.565	632.800	151.157	12.727	3.282	6.620	936
1990-1999	1.630.107	204.078	186.354	3.448	2.226	2.802	161
2000-2009	469.906	2.701	1.535	69	36	23	6
2010-2020	52.444	163	127	9	0	0	3

Tabelle 2 | Zuzug von (Spät-)Aussiedler:innen nach Deutschland von 1950 bis 2020 (Quelle: https://www.bpb.de/kurz-knapp/zahlen-und-fakten/soziale-situation-in-deutschland/61643/spaet-aussiedler/)

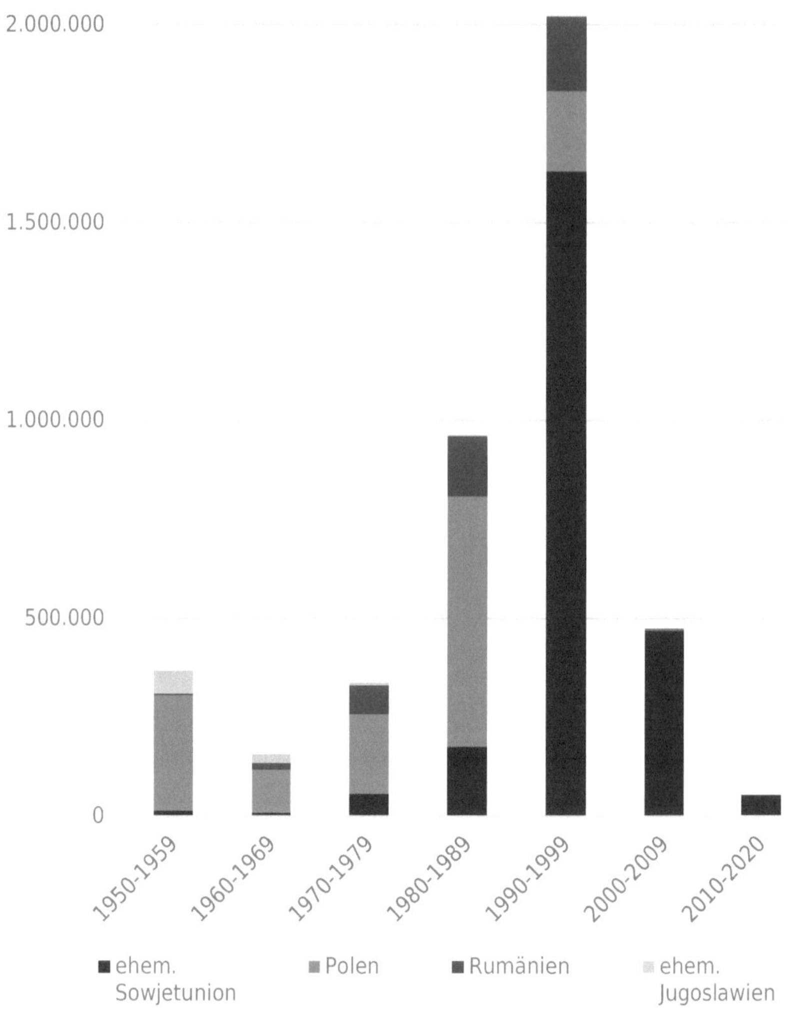

Abbildung 5 | Zuzug von (Spät-)Aussiedler:innen aus der Sowjetunion, Polen, Rumänien und dem ehemaligen Jugowslawien seit 1950 (eigene Darstellung nach https://www.bpb.de/kurz-knapp/zahlen-und-fakten/soziale-situation-in-deutschland/61643/spaet-aussiedler/)

Link- und Literaturtipps | Weitere Informationen zu Spätaussiedler:innen gibt es beim Bundesamt für Migration und Flüchtlinge (BaMF):

https://www.bamf.de/DE/Themen/MigrationAufenthalt/Spaetaussiedler/spaetaussiedler-node.html#a_284322_2

Informationen zu aktuellen Zahlen stellen das statistische Bundesamt (https://www.destatis.de/DE/Themen/Gesellschaft-Umwelt/Bevoelkerung/Haushalte-Familien/Methoden/Downloads/mikrozensus-glossar.pdf?__blob=publicationFile) und die Bundeszentrale für politische Bildung (https://www.bpb.de/kurz-knapp/zahlen-und-fakten/soziale-situation-in-deutschland/61643/spaet-aussiedler/) zur Verfügung.

Außerdem diskutiert der Migrationsforscher Jannis Panagiotidis das Beispiel der sogenannten Russlanddeutschen im Kontext der Migration von Spätaussiedler:innen in folgendem Text: https://www.bpb.de/themen/migration-integration/russlanddeutsche/274597/spaetaussiedler-heimkehrer-vertriebene.

Welche Rolle spielt Migration im Kultursektor?

Migration spielt im Kultursektor zum einen eine Rolle, weil die Kulturschaffenden selbst migrieren. Musiker und Musikerinnen studieren oft in einem anderen Land, sie werden im Verlauf ihrer Karriere von Orchestern im Ausland engagiert, und die Musik, die sie spielen, stammt von Komponisten und Komponistinnen aus unterschiedlichen Ländern. Für Dirigentinnen und Dirigenten gilt dasselbe. Ebenso verhält es sich im Theater, im Tanz, Film und in der Kunst.

Zum anderen spielt Migration im Kultursektor eine Rolle, weil sie zum Thema der Kunstwerke gemacht wird. So schuf etwa der chinesische Künstler Ai Weiwei 2017 ein Kunstwerk aus Rettungswesten, das an die Menschen erinnerte, die im Mittelmeer ertranken, als sie versuchten, auf dem Wasserweg nach Europa zu kommen. Auch in der Literatur wird Migration thematisiert: in Romanen, aber auch als Lebenserfahrung von Autorinnen und Autoren. So gibt es mit der „Exilliteratur" ein eigenes Genre, das Arbeiten von Autor:innen umfasst, die ihr Land verlassen müssen, da entweder sie als Person oder ihre Arbeiten verfolgt oder bedroht werden.

Was sind transnationale Eliten?

Eine Gruppe, über die im Kontext von Migration selten gesprochen wird, ist die der sehr gut ausgebildeten, transnational lebenden und in global agierenden Unternehmen arbeitenden Menschen. Diese Gruppe wird auch „transnationale Elite" (Beaverstock 2005) genannt. Hierbei handelt es sich um eine besondere Form der Arbeitsmigration, nämlich um die Migration von hochqualifizierten Menschen, die oft mehrmals in ihrem Berufsleben das Land wechseln, in dem sie arbeiten. Diese Migrant:innen sind für die globale Wirtschaft von entscheidender Bedeutung, und sie weisen spezifische Bindungen an die Orte und Gesellschaften, an denen sie leben und zwischen denen sie migrieren, auf.

Diese sogenannten transnationalen Eliten haben sich berufliches Wissen in verschiedenen nationalen Kontexten angeeignet und weisen entsprechende Kompetenzen auf. Beides ist für transnational operierende Unternehmen wichtig, und in diesen Unternehmen arbeiten sie dann zumeist. Transnationale Unternehmen sind darauf angewiesen, Arbeitsprozesse zwischen Standorten mit unterschiedlichen nationalen Rahmenbedingungen zu organisieren oder Marketingstrategien für dasselbe Produkt für unterschiedliche kulturelle Kontexte zu entwickeln. Dies gilt für Unternehmensberatungen wie EY oder McKinsey ebenso wie für international arbeitende Anwaltskanzleien oder Technologiekonzerne wie Apple oder Google. Und es sind die transnationalen Eliten, die diese Kompetenzen aufweisen. Sie können sich souverän in den verschiedenen kulturellen, rechtlichen und sozialen Situationen bewegen und Wissen und Anforderungen von einer in die andere Situation übertragen.

Aufgrund ihrer zahlreichen beruflichen und geographischen Stationen sind die → Ortsbindungen dieser Menschen sehr spezifisch: Sie weisen multiple, d. h. mehrere Bindungen zu Orten auf, etwa zu ihrem Arbeitsort, zu dem Ort, an dem ihr:e Partner:in lebt und zu dem Ort, an dem sie aufgewachsen sind. Die Ortsbezüge werden jeweils durch die Einbettung in lokale soziale Netzwerke (Plöger und Günther 2016) ebenso wie durch ihre transnationalen sozialen Beziehungen unterstützt.

Welches Interesse haben Wirtschaftsunternehmen an Migration?

Wirtschaftsunternehmen haben ein Interesse an Migration, da sie ihnen passende Arbeitskräfte bringt und den Wissenstransfer zwischen unterschiedlichen Regionen und Gesellschaften ermöglicht. Migration ist ein Weg, einen bestehenden Mangel an Arbeitskräften auf dem lokalen Arbeitsmarkt auszugleichen. Wenn beispielsweise in Deutschland ein Mangel an Fachkräften im IT-Bereich besteht, können die freien Stellen durch Fachkräfte aus dem Ausland besetzt werden. Migrieren diese nach Deutschland, profitieren die Unternehmen von dieser Arbeitsmigration. Genauso verhält es sich bei einem Mangel an un- oder niedrigqualifizierten Arbeitskräften: Für Stellen, die nicht durch in Deutschland lebende Personen besetzt werden können, können Arbeitnehmerinnen und Arbeitnehmer im Ausland geworben werden. Dies ist in Deutschland etwa in der Landwirtschaft oder in der Gastronomie der Fall. Der Grund, dass dies gelingt, ist im Lohngefälle zwischen unterschiedlichen Ländern sowie in unterschiedlichen Situationen auf den Arbeitsmärkten weltweit zu suchen. Aber auch darin, dass Lebensverhältnisse sich im weltweiten Vergleich unterscheiden.
Damit ist das Interesse von Wirtschaftsunternehmen an Migration in erster Linie ein wirtschaftliches, da es ihnen darum geht, ihre Produktion sicherzustellen und so den Ertrag des Unternehmens zu maximieren. Allerdings profitieren Unternehmen auch auf eine weitere Weise von Migration. Durch Migration findet Wissensaustausch statt, und Innovationen werden ermöglicht. Da Menschen, wenn sie migrieren und als Arbeitskräfte in einem Unternehmen anfangen zu arbeiten, ihre Erfahrungen und ihr Wissen mitbringen, bringen sie auch Neues mit in das Unternehmen. Dies kann sich auf die Arbeitsweisen beziehen, aber auch auf die konkreten Produktionsschritte und -techniken oder auf die Vermarktungsmöglichkeiten für Produkte. Auch Informationen über Problemstellungen und Märkte, die vor Ort noch nicht bekannt sind, können durch die zugewanderten Arbeitskräfte in das Unternehmen gebracht werden. Von diesem zusätzlichen Wissen profitieren die Wirtschaftsunternehmen, da es ihnen zu Innovationen verhelfen kann.

Welche Rolle spielt Migration innerhalb von Unternehmen?

Insbesondere für Unternehmen, die weltweit agieren, spielt Migration innerhalb eines Unternehmens eine große Rolle. Hier wechseln Mitarbeiterinnen und Mitarbeiter an andere Standorte des Unternehmens im Ausland und werden auf diese Weise zu Arbeitsmigrantinnen und Arbeitsmigranten. Da sie weiterhin in dasselbe Unternehmen eingebunden sind, gestaltet sich ihre Situation aber oft anders als die von Menschen, die wegen eines Jobangebots in ein anderes Land ziehen oder im Rahmen von → Anwerbestrategien migrieren. Die Unterschiede bestehen darin, dass das Unternehmen, zu dem die unterschiedlichen Standorte gehören, oft Unterstützung bietet: sei es für die Organisation von Aufenthaltsgenehmigungen, sei es für den Umzug. Insbesondere wenn es sich um befristete Aufenthalte im Ausland handelt, etwa eine zweijährige Arbeit an einem Standort in Marokko, um dort eine neue Produktionsweise einzuführen und ihre Umsetzung zu begleiten, übernimmt das Unternehmen Teile der organisatorischen Arbeit oder stellt beispielsweise Dienstwohnungen zur Verfügung.

Ähnlich verhält es sich bei Arbeitnehmer:innen, bei denen der regelmäßige Wechsel des Arbeitsortes Teil der Stellenbeschreibung ist, etwa in Managementpositionen transnationaler Unternehmen (Spiegel, Mense-Petermann und Bredenkötter 2017). In bestimmten Wirtschaftssektoren ist Migration selbstverständlicher Teil von Unternehmen, und der Umgang mit Menschen unterschiedlicher Herkunft gehört zur Unternehmenskultur. Dazu gehören insbesondere Betriebe aus dem Dienstleistungs- und Informationssektor. Aber auch Unternehmen im produzierenden Gewerbe sind zunehmend von einer internationalen Belegschaft gekennzeichnet. Dies bringt für die Personalführung Herausforderungen mit sich, da mehr Diversität unter den Angestellten auch eine größere Bandbreite an Belangen und Anliegen bedeutet, die berücksichtigt werden müssen. Die Frage nach der geteilten Unternehmenssprache ist dafür lediglich ein Beispiel.

In welche Netzwerke sind Arbeitsmigrant:innen eingebunden?

Arbeitsmigrant:innen sind lokal und global in Netzwerke aus sozialen und ökonomischen Akteuren eingebunden. Wie alle anderen Migranten und Migratinnen auch haben sie ein soziales Netzwerk von Bekannten,

Freunden und Familienangehörigen. In der Regel haben sie ein solches Netzwerk vor Ort und über nationalstaatliche → Grenzen hinweg, da sie Kontakte zu Menschen in anderen Staaten haben. Dazu kommen in ihrem Fall auch noch explizit Arbeitskollegen und -kolleginnen sowie Vorgesetzte oder Untergebene vor Ort, die dieses Netzwerk zu einem spezifischen Netzwerk der Arbeitsmigration macht. Außerdem sind sie in ein Netzwerk von ökonomischen Akteuren eingebunden: Sie sind als Arbeitnehmer oder Arbeitnehmerinnen zusammen mit ihrem Arbeitgeber sowie den je zuständigen Behörden und Ämtern – Einwanderungsbehörde, Finanzamt o. ä. – Teil eines Netzwerks der internationalen Wertschöpfung. Zu diesem Netzwerk gehören im Fall des Falles auch die global agierenden Geldtransferanbieter und internationalen Geldinstitute, die dafür sorgen, dass *remittances* international überwiesen werden.

Arbeitsmigranten und -migrantinnen sind also in spezifische, auf ihre Arbeit bezogene soziale Netzwerke eingebunden. Diese Netzwerke befinden sich in der Regel sowohl vor Ort am Lebensmittelpunkt der Migrant:innen als auch zwischen diesem Ort und den Orten, an denen sich die anderen Akteure (etwa die Eltern oder die Partner:innen) befinden. Diese Orte können in unterschiedlichen Staaten liegen und führen dann dazu, dass auch die Netzwerke der Migrant:innen international sind.

Welche Rolle spielt Arbeitsmigration in Deutschland?

Deutschland hat eine lange Geschichte der Arbeitsmigration, die in eine ebenso lange Geschichte der Arbeitsmigration in Europa eingebettet ist (Rass 2010). Für die zweite Hälfte des 20. Jahrhunderts sind die sogenannte → Gastarbeitermigration nach Deutschland ebenso hervorzuheben wie die Migration im Kontext der Freizügigkeitsregelung für Arbeitnehmer und Arbeitnehmerinnen aus der Europäischen Union. Als „Gastarbeitermigration“ bezeichnet man die Migration, die im Rahmen von Anwerbeabkommen seit den 1950er Jahren auftrat und die die Gesellschaften in Europa sowohl ökonomisch und politisch als auch kulturell deutlich prägte (Severin-Barboutie 2018). Denn auch hier hatte man es mit ungleichen wirtschaftlichen Verhältnissen in den beteiligten Staaten zu tun, die diese Migration beförderten. Das „Abkommen über die Anwerbung und Vermittlung von italienischen Arbeitskräften in die Bundesrepublik Deutschland“ wurde beispielsweise 1955 geschlossen, um den Arbeitskräftemangel in Deutschland zu kompensieren.

Dieser Mangel an Arbeitskräften war im Nachkriegsdeutschland durch die sich stetig verbessernde gesamtwirtschaftliche Lage entstanden. In Italien herrschten in dieser Zeit dagegen eine deutliche schlechtere Konjunktur und eher ein Arbeitsplatzmangel (Hillmann 2016, 117).

Die rechtlichen Abkommen erleichterten es den Arbeitgebern in Deutschland, gezielt Arbeitskräfte in ihre Fabriken und Unternehmen zu holen. Außerdem gaben sie den Behörden einen verbindlichen Rahmen, wie die Einreise und der Aufenthalt der italienischen Arbeitsmigranten und Arbeitsmigrantinnen zu handhaben war (Sala 2007). Eine ähnliche Situation ergab sich auch durch das Anwerbeabkommen mit der Türkei, das 1961 geschlossen wurde und bis zum sogenannten „Anwerbestopp" in Kraft war. Diese Aussetzung des Abkommens mit der Türkei und mit allen anderen Staaten wurde mit der prognostizierten Verschlechterung der Beschäftigungssituation in Deutschland begründet (Der Bundesminister für Arbeit und Sozialordnung 1973).

Aktuelle Forschung zeigt inzwischen, dass es sich um eine Verschränkung von wirtschaftlichen, sozialen und politischen Aspekten handelte, die zu der Beendigung der gezielten Anwerbung von Arbeitsmigrantinnen und -migranten führte (Berlinghoff 2019). So fielen Arbeitskampfmaßnahmen wie Streiks für bessere Arbeitsbedingungen bei Automobilzulieferern zusammen mit einer im Zuge der sogenannten Ölkrise im Jahr 1973 geäußerten Sorge um Arbeitsplätze für einheimische Arbeitskräfte. Zusammen mit einer auch medial geführten Debatte um den temporären Status der „Gastarbeiter" führten diese Entwicklungen zu einem Ende der politisch gesteuerten Arbeitsmigration aus europäischen Staaten nach Deutschland (Berlinghoff 2019, 246 ff.).

Auch heute spielt die Arbeitsmigration eine wichtige Rolle in Deutschland. So zeigen die Daten, dass der Anteil von Arbeitskräften mit ausländischer Staatsbürgerschaft im Zeitraum von 2004 bis 2021 von 6,6 % auf 13,4 % gestiegen ist (Mediendienst Integration 2024). Dabei ist besonders zu berücksichtigen, dass derzeit über einen Fachkräftemangel auf dem Arbeitsmarkt in Deutschland gesprochen wird. Unter dem Stichwort des „Fachkräftemangels" wird diskutiert, wie den Folgen der demographischen Entwicklung in Deutschland auf den Arbeitsmarkt begegnet werden kann. Demographisch ist Deutschland von einer älter werdenden Bevölkerung und einem dadurch immer größer werdenden Anteil an Rentner:innen gekennzeichnet. Das bedeutet, dass es weniger Menschen gibt, die aktiv am Arbeitsleben teilhaben. In vielen Bereichen, etwa im Gesundheitssektor oder der Gastronomie, liegt ein deutlicher Mangel an Arbeitskräften vor. Um diesen Mangel auszugleichen, versuchen viele Arbeitgeber:innen, Fachkräfte aus dem Ausland anzuwerben. In diesem Zuge werden auch Forderungen nach politischer Unterstützung und Steuerung gestellt, etwa was die Anerkennung von Berufsqualifikationen oder die Vergabe von Aufenthaltsgenehmigungen betrifft.

Wie wird Migration politisch gesteuert?

Es gibt zwei sehr unterschiedliche Wege, wie Migration politisch gesteuert wird. Der eine Weg bezieht sich auf die erwünschte Migration. Hier sind es Zuwanderungsgesetze, Abkommen mit anderen Staaten und Ausgestaltungen des Aufenthaltsrechtes, die den Rahmen für Migration bilden und die Zuwanderung von Menschen in ein Land erleichtern können. Ein Beispiel dafür ist die sogenannte → Gastarbeitermigration in der Bundesrepublik Deutschland in den 1950er und 1960er Jahren. Hier war die Zuwanderung von Arbeitskräften politisch gewollt und wurde politisch gesteuert, um bestimmte Ziele – etwa die Unterstützung einheimischer Unternehmen durch die Bereitstellung von Arbeitskräften – zu erreichen.

Der andere Weg betrifft den Umgang mit einer Migration, die außerhalb derartiger politischer Pläne verläuft, und mit ihren Folgen. Politische Steuerungsversuche betreffen hier Einreise- und Aufenthaltsrecht, Kontingentregelungen und Verteilungsschlüssel. In Deutschland sind diese Regelungen stark in das Regelsystem der Europäischen Union eingebunden. So wird über die sogenannte Drittstaatenregelung gesteuert, welcher Staat für die Bearbeitung von Asylanträgen zuständig ist und wie mit unerwarteten, großen Fluchtbewegungen umgegangen wird. So kam nach Einsetzen der Fluchtbewegung aus der Ukraine in die EU-Staaten im Zuge des 2022 beginnenden russischen Angriffskriegs die sogenannte „Massenzustrom-Richtlinie“ zur Anwendung, mit der den EU-Staaten bestimmte vereinfachte Regeln zur Aufnahme von ukrainischen Geflüchteten gegeben wurden. Auf nationalstaatlicher Ebene gibt es in Deutschland Verteilungsschlüssel, mit denen geregelt wird, welche Landkreise wie viele Migrannt:innen aufnehmen und versorgen. Für die Verteilung von Asylsuchenden auf die Bundesländer ist es der sogenannte „Königsteiner Schlüssel“. Dieser Verteilungsschlüssel wird jährlich neu berechnet und nimmt die Bevölkerungszahl und die Steuereinnahmen des Bundeslandes zur Grundlage, um zu errechnen, wie viele Menschen ein Bundesland aufnehmen kann.

Auf diese Weise wird Migration mit unterschiedlichen Mitteln politisch gesteuert. Diese politischen Steuerungsmaßnahmen werden in Deutschland auf lokaler Ebene umgesetzt und von politischen Abkommen auf nationaler und internationaler Ebene gerahmt.

Linktipp | Auf den Seiten des Bundesamts für Migration und Flüchtlinge findet sich eine Übersicht über die Berechnung der „Erstverteilung der Asylsuchenden" und eine Erläuterung des „Königsteiner Schlüssels": https://www.bamf.de/DE/Themen/AsylFluechtlingsschutz/AblaufAsylverfahrens/Erstverteilung/erstverteilung-node.html.

Welche Rolle spielen Institutionen für Migration?

Institutionen sind für Migration in verschiedener Weise wichtig. Vor Ort ermöglichen Institutionen das Einleben von zugewanderten Menschen in die neue Gesellschaft oder unterstützen Menschen, die in ein anderes Land migrieren wollen, indem sie, wie das deutsche Goethe-Institut, etwa Sprachkurse anbieten oder Informationen über das Zielland zur Verfügung stellen. Andere Institutionen regeln und kontrollieren Migration: Die Grenzschutzorganisation Frontex hat zum Auftrag, die EU vor illegaler Migration zu schützen und kontrolliert daher ihre Außengrenzen. Die UN als supranationale Institution sorgt hingegen dafür, dass Informationen über Migration international zur Verfügung stehen und migrationsbezogene Themen, wie etwa die Versorgung von Geflüchteten oder die Bedeutung des Klimawandels für das Migrationsgeschehen, öffentlich wahrgenommen werden und auf die politische Agenda gelangen. Hilfsorganisationen wiederum unterstützen staatliche Akteure bei der Versorgung von Migrantinnen und Migranten, beispielsweise in Katastrophengebieten, oder handeln eigenständig in bestimmten Feldern und Gebieten, etwa der Seenotrettung oder der Asylberatung vor Ort.

Damit sind Institutionen auf vielfältige Weise an Migration beteiligt. Sie ermöglichen Migration, verhindern sie, unterstützen bei der Vorbereitung von Migration und helfen nach der Migration. Sie machen Migration und ihre Folgen durch Berichte und Veranstaltungen sichtbar.

Außerdem sind sie selbst Teil von Migration, da die Mitarbeiter:innen dieser Institutionen oft selbst Migrationsbezug haben, und zwar indem sie für die Arbeit bei diesen Institutionen in ein anderes Land migrieren, ihre eigene Migrationserfahrung Beweggrund für das Engagement in einer Hilfsorganisation ist oder sie aufgrund ihrer Arbeit bei einer solchen Institution ein Land verlassen müssen, da ihre Arbeit dort politisch nicht erwünscht ist.

Was heißt Asyl?

Menschen, die in ihren Herkunftsländern politisch verfolgt werden, haben in anderen Staaten ein Recht auf → Asyl. International besteht laut der Allgemeinen Erklärung der Menschenrechte der UN das Recht aller Menschen, aufgrund von politischer Verfolgung Asyl in einem anderen Staat zu beantragen. In Deutschland ist dieses Recht im Grundgesetz festgeschrieben. Im Artikel 16(a) heißt es im ersten Satz: „Politisch Verfolgte genießen Asylrecht."

Im Jahr 1993 wurde das Asylrecht in Deutschland verschärft (Herbert 2003, 318 f.); ausgeschlossen sind seitdem Menschen, die aus einem sogenannten sicheren Drittstaat einreisen (→ Welche Rolle spielt die EU für Migration in Deutschland?). Da Deutschland von sicheren Drittstaaten umgeben ist und wenig andere legale Möglichkeiten bestehen, als politisch verfolgte Person nach Deutschland einzureisen, „[haben im Prinzip] also nur Menschen, die über den See- oder Luftweg nach Deutschland kommen, die Möglichkeit, die in Art. 16a Grundgesetz verankerte Asylberechtigung zu erhalten." (Kraft 2016)

Wird der Antrag einer Person auf Asyl in Deutschland anerkannt, so ist sie geflüchteten Menschen gleichgestellt und erhält zunächst eine auf drei Jahre befristete Aufenthaltserlaubnis. Nach Ablauf der drei Jahre kann diese unter bestimmten Voraussetzungen in eine unbefristete Niederlassungserlaubnis umgewandelt werden (BAMF – Bundesamt für Migration und Flüchtlinge 2019).

Asyl hat schließlich Folgen für das Leben der Menschen in der Aufnahmegesellschaft. In Deutschland etwa berechtigt der Status als Asylberechtigte:r die Menschen dazu, einen Integrationskurs zu besuchen und eine Arbeit aufzunehmen. Auch besteht nach dem Asylbewerberleistungsgesetz ein Anspruch auf finanzielle Unterstützung für den Fall, dass die Lebenshaltungskosten nicht selbst durch eigene Erwerbstätigkeit gedeckt werden können.

Welche Rolle spielt die EU für Migration in Deutschland?

Migration wird auch von politischen und rechtlichen Rahmenbedingungen beeinflusst. Diese erleichtern, erschweren oder verhindern Migration und unterteilen den Aufenthaltsstatus von Migrantinnen und Migranten in einem Staat in legal und illegal (für die Situation in Deutschland z. B. Worbs 2005). In Europa wird dies am Beispiel der Europäischen Union (EU) deutlich. Die EU als politisches, soziales und wirtschaftliches Projekt hat die Migration innerhalb der Staaten der EU maßgeblich verändert.

Zum einen wird der Migration von EU-Staatsbürger:innen gegenüber der Migration von Bürger:innen anderer Staaten eine besondere Stellung eingeräumt. Auf der Grundlage des Freizügigkeitsabkommens gilt für EU-Staatsbürger:innen das Recht, sich innerhalb der EU frei zu bewegen. Darüberhinaus ist es diesen Staatsbürger:innen möglich, sich in einem anderen EU-Staat anzusiedeln, etwa wenn sie dort eine Arbeit aufnehmen oder studieren wollen (Bundesministerium des Innern und für Heimat 2024).

Zum anderen bilden die Gesetze der EU den Rahmen für den nationalstaatlichen Umgang mit Migration aus Nicht-EU-Staaten. Sie führen unter anderem dazu, dass nach dem sogenannten Dublin-Abkommen derjenige Staat über die Asylgesuche von Menschen entscheiden muss, in den die Menschen als erstes eingereist sind. Für Deutschland hat das Konsequenzen: Da der Großteil der Asylsuchenden in Staaten einreist, die an der EU-Außengrenze liegen, ist Deutschland von dieser Migration deutlich weniger betroffen als beispielsweise Polen oder Griechenland (Maciejewski 2023). Auf diese Weise spielt die EU eine große Rolle dafür, wie sich Migration in Deutschland ausgestaltet.

Was ist die „Blaue Karte EU“?

Um die Arbeitsmigration von hochqualifizierten Personen in die EU zu erleichtern, wurde 2011 die Einführung der sogenannten Blauen Karte EU beschlossen. Sie bezeichnet einen Aufenthaltstitel, der es Menschen aus

Drittstaaten mit hoher fachlicher Qualifikation, in der Regel Universitätsabschluss, erlaubt, in die EU einzureisen und dort zu arbeiten. Menschen, denen ein Arbeitsplatz im Angestelltenverhältnis in Aussicht steht, können mit diesem Verfahren bis zu vier Jahre in einem EU-Staat leben und auf Antrag auch ihre Familienangehörigen nachziehen lassen. In Deutschland wurden 2019 laut Mediendienst Integration die meisten „Blauen Karten" für Personen aus Indien ausgestellt (28,8 %) (Mediendienst Integration 2023).

Migration und Alltag oder: Migration (er-)leben

Migration ist etwas, das uns im Alltag begegnet und das in den Medien, der politischen Debatte und der Verwaltung präsent ist. In diesem Kapitel werden Fragen danach beantwortet, wie sich Migration im Alltag auswirkt, was sie für diejenigen bedeutet, die migrieren, und welche Rolle sie im Alltag derjenigen, die nicht migrieren, spielt. Es geht darum, welche Bedeutung Sprache und Medien für Migrant:innen haben und wie sie ihre Migrationsentscheidung und ihr Alltagsleben prägen. Außerdem geht es darum, welche Phasen des Einlebens in einer neuen, fremden Gesellschaft es gibt und wie sich Migration auf Städte auswirkt.

Wie leben sich Migrant:innen in einer Gesellschaft ein?

Menschen, die aus einem anderen Land nach Deutschland kommen, müssen sich vor Ort einleben. „Müssen", da sie den Alltag bewältigen und sich im besten Fall in der neuen Gesellschaft wohlfühlen wollen. Dies kann auf unterschiedliche Weise geschehen: über die Kontaktaufnahme mit der alteingesessenen einheimischen Bevölkerung oder über die Verbindung mit der alteingesessenen migrantischen Bevölkerung, das heißt, mit Menschen, die die Migrationserfahrung teilen und schon länger vor Ort leben.[4] In letzterem Fall werden die neu zugewanderten Migrantinnen und Migranten Teil von ethnischen Gemeinschaften. Diese gibt es in Deutschland schon immer, und sie sind regional unterschiedlich verteilt. Das hat etwas mit der Migrationsgeschichte der jeweiligen Region zu tun. Während es im Ruhrgebiet viele Menschen mit polnischem → Migrationshintergrund gibt, lebt in Düsseldorf die größte japanische Gemeinschaft Deutschlands, und in der Metropolregion Stuttgart sind viele Menschen mit türkischen Wurzeln zuhause. Diese ethnischen Gemeinschaften und insgesamt die alteingesessene migrantische Bevölkerung können dafür sorgen, dass neu Zugezogene schnell und unbürokratisch Informationen über das Aufenthaltsland und den Lebensort erhalten, sich Wissen über die Gepflogenheiten und die Organisation des Alltags aneignen. Auch können Netzwerke in diesen *communities* dabei helfen, eine Wohnung oder eine Arbeit, aber auch Kinderbetreuung zu finden. Kontakt zu der alteingesessenen einheimischen Bevölkerung entsteht hingegen beispielsweise über den Arbeitsplatz, über Bildungseinrichtungen oder über (Sport-)Vereine. Hier sind es dann Gemeinsamkeiten wie derselbe Arbeitgeber oder dasselbe Hobby, die Verbindungen schaffen. Diese Kontakte sind wichtig, um Wissen über die Gesellschaft zu erlangen, die Sprache zu erlernen und insgesamt die Gesellschaft mitgestalten zu können.

---

4 In diesem Fall meint die „alteingesessene einheimische" Bevölkerung die Menschen, die an einem Ort den Großteil ihres Lebens verbracht haben und selbst keinen Migrationshintergrund aufweisen. Im Gegensatz dazu wird hier von der „alteingesessenen migrantischen" Bevölkerung gesprochen, um diejenigen zu bezeichnen, die schon sehr lange vor Ort leben, aber selbst zugewandert sind oder einen Migrationshintergrund haben.

Wie prägt Migration eine Gesellschaft?

Migration wirkt sich auf eine Gesellschaft und das alltägliche Miteinander aus, da Menschen aus einer anderen Gesellschaft in diese für sie neue Gesellschaft zuwandern. Die Zugewanderten sind von der Gesellschaft, in der sie aufgewachsen sind oder in der sie die Jahre vorher gelebt haben und deren Regeln und Normen sie mit sich tragen, geprägt. In der Gesellschaft des neuen Lebensmittelpunktes treffen sie auf fremde Menschen, andere Regeln und möglicherweise unbekannte Normen. Die Gesellschaft vor Ort wiederum ist nun mit Personen konfrontiert, die ihre Regeln und Normen nicht kennen, die Dinge anders tun (wollen) und die oft die Sprache nicht so sprechen, wie es die alteingesessene einheimische Bevölkerung tut. Es kommt zu Konflikten und Missverständnissen, aber auch zu einer Bereicherung der Gesellschaft durch das Neue: Döner Kebab, Pizza, Shishabars oder das Jugendwort Babo sind Beispiele, wie Migration eine Gesellschaft und ihren Alltag bereichert und prägt. Aber auch Institutionen und Strukturen werden produktiv herausgefordert und verändern sich. Dies ist der Fall, wenn Ämter zunehmend auf Mehrsprachigkeit setzen und Schulen die Themen Religionen und Mehrsprachigkeit in ihre Lehrpläne oder Projektwochen aufnehmen.

Wie werden Migrant:innen Teil der Gesellschaft vor Ort?

Teil einer Gesellschaft werden Menschen, indem sie Kontakt zu anderen Mitgliedern dieser Gesellschaft haben und in die verschiedenen Bereiche der Gesellschaft eingegliedert sind. Dazu gehören der Arbeits- und Wohnungsmarkt ebenso wie Alltag und Freizeit. In allen diesen Bereichen kann Kontakt zwischen den „Alten und Neuen Deutschen“ (Treibel 2015, 49) entstehen: am Arbeitsplatz, im Verein, in einer Bildungseinrichtung wie der Schule oder dem Kindergarten. Das bedeutet, dass Kontakt und Teilhabe über dieselben Wege entstehen, über die auch nicht migrierte Menschen Kontakt zueinander bekommen und sie Teil der Gesellschaft werden.

Erschwert wird die Kontaktaufnahme allerdings dadurch, dass kürzlich zugewanderte Migranten und Migrantinnen (in Begriffen der Soziologin Annette Treibel: ‚Neue Deutsche‘) zunächst oft die Sprache noch nicht beherrschen und häufig auch wenig Informationen darüber haben, wo sie Menschen treffen und kennenlernen können. Außerdem ist die Haltung der eingesessenen Bevölkerung entscheidend: Wenn die nicht migrierten Menschen aufgeschlossen sind und neue Menschen in ihren Reihen willkommen heißen, ist es leichter, Kontakt aufzunehmen, als wenn sie dies nicht sind. Dies erleben alle, die an einen neuen Ort ziehen, unabhängig davon, ob sie aus einem anderen Land kommen oder nicht. Allerdings sind Migrantinnen und Migranten oft mit der zusätzlichen Herausforderung konfrontiert, dass sie in mehrfacher Hinsicht anders sind: Sie sprechen die Sprache nicht, kennen die informellen Regeln und Gebräuche der Gesellschaft nicht, sehen zum Teil anders aus.

Teil einer neuen Gesellschaft zu werden ist also nicht nur eine Sache der Migrant:innen selbst, sondern auch eine der Aufnahmegesellschaft. Um zu beschreiben, wie dies vor sich gehen kann, wurden lange Zeit vor allem drei Konzepte verwendet: → Integration, → Assimilation, → Akkulturation. Zumeist legte man dabei ein Prozessmodell zugrunde und ging davon aus, dass Migrant:innen sich über einen längeren Zeitraum an die neue Gesellschaft gewöhnen und am Ende in diese Gesellschaft integriert sind oder sich assimiliert haben. Zunehmend werden diese Konzepte aber abgelöst von dem Verständnis einer → multiplen Zugehörigkeit und damit der Annahme, dass Migrant:innen Teil unterschiedlicher Gesellschaften sein können, ohne dass dies ihrer Teilhabe an der Gesellschaft an ihrem Wohnort abträglich ist.

Was bezeichnet der Begriff „Integration" genau?

Mit → Integration wird im Allgemeinen die „Eingliederung in die Teilbereiche einer Gesellschaft" (Oswald 2007, 93) bezeichnet. Wir sprechen beispielsweise von der Integration in den Arbeitsmarkt und meinen damit, dass Menschen einen Arbeitsplatz haben und an ihm und konkret am Arbeitsleben teilhaben. Auf diese Weise sind sie im Arbeitsmarkt integriert.

Wenn wir von Integration sprechen, geht es oft auch – und in der öffentlichen Debatte besonders viel – um die Eingliederung von Immigranten und Immigrantinnen und ihren Nachkommen in die Gesellschaft des Staates, in dem sie leben. In diesem Fall meint Integration, dass neu hinzugezogene Menschen einen Platz in der Gesellschaft bekommen und an ihr, ihren Institutionen und ihrem öffentlichen Leben teilhaben können.

Integration ist dann der Begriff, der sowohl den Prozess als auch das Ergebnis dieses Prozesses des Einlebens beschreibt. *Integration als Prozess* meint die sukzessive Aneignung von Wissen über die Gesellschaft, in der die Migrantinnen und Migranten nun leben, sowie die Übernahme von Handlungs- und Verhaltensweisen dieser Gesellschaft. *Integration als Ergebnis* meint dann den Moment, an dem eine Person sich ohne Schwierigkeiten in der neuen Gesellschaft bewegen kann, ihre Institutionen wie z. B. Behörden oder Ämter nutzen kann und auch die informellen Regeln und Gepflogenheiten der Gesellschaft so weit kennt, dass sie sich im Alltag bewegen kann, ohne immer wieder durch Nichtwissen oder vermeintlich falsches Handeln aufzufallen.

Welche Kontakte haben Migrant:innen vor Ort?

So unterschiedlich wie die Gründe und Motive für Migration zwischen den einzelnen Personen sind, so unterschiedlich leben auch die Menschen an ihren neuen Lebensmittelpunkten. So gibt es zum einen die Migrantinnen und Migranten, die sich an ihrem neuen Lebensort einrichten, neue soziale Kontakte vor Ort suchen und sich in ihrer Lebensweise und ihrem Lebensstil kaum von der Mehrheitsgesellschaft unterscheiden. Dazu gehört in der Regel auch, die Sprache des neuen Landes zu erlernen und die kulturellen Eigenarten anzunehmen. In einem solchen Fall spricht man klassischerweise von → Integration, die mit einer → Assimilation – der Annahme neuer kultureller, sozialer und institutioneller Kompetenzen – einhergeht (Esser 1980). Darüber hinaus gibt es Menschen, die die Beziehungen zu Menschen, die in anderen Ländern leben, etwa ihrem Herkunftsland, aufrechterhalten und pflegen. Diese → transnationalen Kontakte werden dann in den Alltag vor Ort integriert, indem man etwa telefoniert, über soziale Medien in Kontakt bleibt, sich Briefe oder E-Mails schreibt oder besucht. Auch diese Menschen können vor Ort voll integriert sein, aber ihr Leben weist eine transnationale Dimension auf.

Wiederum andere bleiben stark in ihren ethnischen *communities* und bewegen sich die meiste Zeit an Orten, an denen sie mit Menschen zu tun haben, deren Sprache und Lebensweise sie aus ihrem Herkunftsland kennen. Hier hat man es dann mit segregierten Gemeinschaften zu tun, die wenig Kontakt zur einheimischen Bevölkerung ohne Migrationsgeschichte haben.

Literaturtipp | Annette Treibels Buch „Integriert Euch!“ weist auf die Rolle der jeweiligen Aufnahmegesellschaft für das Leben von Migrant:innen vor Ort hin. In ihrem Buch skizziert sie, wie „die Beziehungen zwischen Alten und Neuen Deutschen“ (Treibel 2015, 11) aussehen und aussehen könn(t)en, von welchen Bildern und Vorurteilen sie geprägt sind und welche Facetten Migration und Integration in Deutschland aufweisen. Dabei ist Treibels Buch eine Aufforderung insbesondere an die „Alten Deutschen“, sich gegenüber einer diverseren und von Migration geprägten Gesellschaft aufgeschlossen zu zeigen.

Welche Rolle spielt Sprache für Migration?

Sprache spielt für Migration in verschiedener Hinsicht eine Rolle. Zum einen ist sie Modus der Verständigung und damit funktional wichtig. Zum anderen ist sie ein Symbol der Zugehörigkeit und weist eine emotionale Komponente auf.

Als *Modus der Verständigung* ist Sprache in der gesamten Migration wichtig; unterschiedlichen Sprachen kommt dabei eine unterschiedliche Bedeutung zu. Die Muttersprache eines Migranten oder einer Migrantin ist oft nicht die, die während der internationalen Migration oder am neuen Lebensort gesprochen wird. Für das Mobilsein ebenso wie für das Leben am neuen Ort muss dann eine Sprache genutzt werden, die man in der Regel nicht fließend spricht. Je nach Ressourcen und Bildungshintergrund handelt es sich dann um eine Sprache, die in der Schule oder einer anderen Bildungsinstitution erlernt wurde. Oder die Sprache wurde im Alltag erlernt und dient als Verständigungsmittel. In diesem Fall ist die Sprache ein funktionales Werkzeug, mit der Informationen ausgetauscht werden und Wissen durch Kommunikation erworben wird. Ebenso kann die neue oder eine andere Sprache es ermöglichen, Mitmenschen kennenzulernen und sich einzuleben.

Als *Symbol der Zugehörigkeit* fungiert Sprache dann, wenn Gemeinschaftlichkeit und Gruppenzugehörigkeit über die Sprache hergestellt und/oder reproduziert werden. Dabei weist die Sprache dann auch eine *emotionale Komponente* auf, wenn die Zugehörigkeit zu einer Sprachengemeinschaft an Gefühle des → *belonging* gebunden sind. Dabei werden dann mit Worten und Wortschatz spezifische Emotionen verbunden. Da über Sprache

Zugehörigkeit und emotionale Bindung erzeugt werden können, kann sie damit gleichermaßen auch Abgrenzung erzeugen. Das Einsetzen einer bestimmten Sprache, von bestimmten Begriffen oder das Verweigern, in einer bestimmten Sprache zu sprechen, bedeutet andere auszuschließen, die diese eine Sprache nicht sprechen oder den bestimmten Begriff nicht verstehen, oder zu signalisieren, nicht zu einer Gruppe dazugehören zu wollen, indem man sich der Sprachgemeinschaft entzieht. Andererseits kann das Erlernen und Sprechen einer (neuen) Sprache auch die zugewandte Haltung zur (neuen) Gesellschaft signalisieren. Dies wiederum kann von der Aufnahmegesellschaft dann als positives Zeichen für den Wunsch der Migrant:innen nach Teilhabe verstanden werden, was zu einer offeneren Haltung den Zugewanderten gegenüber führen kann.

Welche Rolle spielen Medien für Migration?

Medien wie Tages- und Wochenzeitungen, Magazine, Fernsehen und Internet sind Medien der Wissensvermittlung. Für Migration bedeutet dies, dass Wissen über Zielländer, über politische Systeme, Migrationsrouten, Arbeitsmöglichkeiten, aber auch Lebensverhältnisse über diese Medien vermittelt wird. Durch Medien werden Diskurse geprägt und unterschiedliche Formen von Migration auf unterschiedliche Weise dargestellt. Diese Darstellungen beeinflussen diejenigen, die migrieren oder migrieren wollen. Sie beeinflussen sie, da sie bestimmte Bilder von Staaten und Gesellschaften erzeugen und weitergeben. Diese Bilder wiederum können dann den Wunsch, in diesem Land zu leben und an der Gesellschaft und ihren Möglichkeiten teilzuhaben, erzeugen. Dies kann sowohl den Arbeitsmarkt und das Sozialsystem dieses Landes betreffen als auch die Lebensweisen in der Gesellschaft oder das Klima. So kann das medial vermittelte Bild eines Lebens in einem demokratischen, liberalen Staat (wie z. B. dem schwedischen) für einen Menschen aus einem autoritär regierten Staat mit geringen individuellen Gestaltungsmöglichkeiten wie z. B. Afghanistan dazu führen, dass ein Leben in Schweden attraktiv erscheint und eine Migration dorthin erstrebenswert wird. Medien können also Migration miterzeugen, indem sie Wissen über Zielländer vermitteln.

Außerdem spielen Medien noch in einer weiteren Weise eine Rolle für Migration: Sie dienen der Informationsweitergabe. Über die direkte Kommunikation zwischen Menschen werden, beispielsweise mithilfe von sozialen

Medien, Informationen über die Lebenssituation in bestimmten Städten oder Ländern weitergeben, aber auch Informationen über Migrationswege und Helfer:innen. Auf diese Weise spielen Medien für die konkreten Migrationsbewegungen selbst eine große Rolle.

Welche Rolle spielen Medien für unser Bild von Migration?

Über Medien wie Tages- und Wochenzeitungen, Magazine, Fernsehen und das Internet wird ein bestimmtes Wissen über Migration vermittelt. Diese Darstellungen beeinflussen auch diejenigen, die nicht selbst migrieren, aber die im Alltag oder im Berufsleben über Migration sprechen, sie einschätzen, sich eine Meinung zu ihr bilden etc. Indem auf eine bestimmte Weise über Migration berichtet wird, bestimmte Menschen zur Sprache kommen oder nicht und bestimmte Themen aufgegriffen werden, entsteht ein bestimmtes Bild von Migration bei denjenigen, die die Medien rezipieren (Lünenborg und Maier 2017; Rass und Ulz 2018; Becker 2022). In Deutschland wird beispielsweise vergleichsweise wenig über Menschen berichtet, die aus Nord- und Mitteleuropa nach Deutschland einwandern. Dagegen sind Fluchtmigration und illegale Migration sehr stark im medialen Blick. Dies liegt auch daran, dass sich an diesen Themen oft öffentliche Debatten entzünden, die dann wiederum in den Medien aufgegriffen werden.

Ein weiteres Beispiel für die selektive Berichterstattung sind Berichte über die sogenannten Gastarbeiter. Durch die mediale Darstellung der Gastarbeiter entstand ein Bild in der Öffentlichkeit, das den Anschein erweckte, dass es sich dabei ausschließlich um männliche Arbeitsmigranten gehandelt habe. Dabei wurde dann nahezu vergessen, dass auch Frauen im Rahmen der Anwerbeabkommen als Arbeitsmigrantinnen nach Deutschland kamen (→ Waren Gastarbeiter Gäste in Deutschland?).

Die gezielte Berichterstattung über bestimmte Themen bedeutet aber nicht immer, dass etwas ausgelassen und unsichtbar gemacht oder besonders problematisiert wird. So nutzen Medien ihre verschiedenen Formate auch, um über bestimmte Themen – etwa lokale Integrationsangebote oder die Erfolgsgeschichte des Ankommens einer geflüchteten Person – zu informieren und detailliert zu berichten. Hierzu sind insbesondere Formate wie Features, Dokumentationen, Interviews und Reportagen geeignet. Auf diese Weise spielen Medien eine wichtige Rolle dabei, wie Migration in einer Gesellschaft wahrgenommen wird.

Linktipp | Der Mediendienst Integration hat es sich zum Ziel gemacht, „eine differenzierte Debatte über die Politikfelder Migration und Integration“ zu erreichen. Er wurde 1998 gegründet und berichtet über verschiedene migrationsbezogene Themen wie Flucht, Integration und Diskriminierung. Die Angebote sind online verfügbar: https://mediendienst-integration.de/.

Wo sind Migrant:innen zuhause?

Je nachdem, welche Beziehung Migrant:innen zu ihrem Herkunfts- und ihrem Aufenthaltsort und -land haben, unterscheidet sich ihr Gefühl des Zuhauseseins. Aktuelle Forschung findet in der Mehrzahl der Studien, dass Menschen mit Migrationsgeschichte ein sehr ausdifferenziertes Gefühl des Zuhauseseins entwickeln. So fühlen sie sich oft an dem Ort, an dem sie leben, zuhause. Gleichzeitig fühlen sie sich mit dem Ort, aus dem sie kommen oder an dem sie zu einem anderen Zeitpunkt ihres Lebens gelebt haben, verbunden. Diese Gefühle der Zugehörigkeit bezeichnet man auch mit dem Begriff des → *belonging*. Für sie sind mehrere Dinge entscheidend:

- Menschen, denen man sich verbunden fühlt
- die Bekanntheit des geographischen Ortes und das Vertrautsein mit den lokalen Gegebenheiten
- eine positive emotionale Bindung an diesem Ort

Je nach Migrationsgeschichte der Personen und ihren ortsspezifischen Erfahrungen fühlen sich Migrant:innen daher an einem oder auch an mehreren Orten zuhause. In letzterem Fall spricht man von → multiplen Zugehörigkeiten oder *multiple belongings* (Levitt und Glick Schiller 2004).
Darüberhinaus kommt es vor, dass das Zuhausegefühl kaum bis keinen Ortsbezug hat. Dann bezeichnen die Menschen in erster Linie ihre sozialen Beziehungen und Netzwerke als ihr Zuhause oder betonen die

Bedeutung von ausgewählten Dingen, die sie auf ihrer Migrationsreise begleiten und die ihnen an den jeweiligen Aufenthaltsorten ein Gefühl von Vertrautheitheit und damit von Zuhause vermitteln (A.-L. Müller 2020).

Linktipp | Im Haus des Dokumentarfilms dokumentiert eine multimediale Ausstellung die jüngere Migrationsgeschichte der Bundesrepublik Deutschland und richtet unter dem Titel „Daheim in der Fremde" den Blick auf das Zuhausesein in einem zunächst fremden Land: https://daheiminderfremde.de/.

Kann Migration Teil des Lebensstils werden?

Gerade Menschen, die wiederholt der Arbeit wegen umziehen und sich in neuen Ländern niederlassen, merken nach einer Zeit, dass die internationale Migration Teil ihres Lebensstils geworden ist. Gespräche mit internationalen Migrantinnen und Migranten zeigen etwa, dass sie über die Zeit Strategien entwickeln, sich an immer neuen Orten zuhause zu fühlen und die je anderen Lebensweisen anzueignen (A.-L. Müller 2020). Diese für die zugewanderten Personen neuen Lebensweisen beinhalten alltagspraktische Dinge wie das Sortieren und Entsorgen von Müll, unterschiedliche Arten des Schlangestehens für den Bus oder die als ‚normal' angesehene Uhrzeit für das Abendessen. All dies variiert auch in Europa zwischen den Ländern, selbst wenn die Länder auf den ersten Blick sehr ähnlich erscheinen. Ein Arbeitsmigrant, der heute in den Niederlanden lebt, beschreibt seine Erfahrungen so: „Nach einer Zeit passt Du überall rein, aber Du bist nirgendwo zuhause."
Die neuen Lebensweisen betreffen alltagspraktisches, aber auch institutionelles Wissen, etwa das Wissen um die zuständigen Einrichtungen für Meldeangelegenheiten, und politisches Wissen, etwa die Art, wie in einem Land Wahlkampf betrieben wird. Migriert man zwischen unterschiedlichen Staaten und damit zwischen unterschiedlichen Gesellschaften, lernt man immer neue Lebensformen kennen, adaptiert Umgangsweisen und passt sich in je neue Kontexte ein. Das kann Folgen für das eigene Leben haben, vor allem, wenn diese De- und

Rekontextualisierungen oder „Entwurzelungen und Verwurzelungen“ (Ahmed u. a. 2003, Übers. ALM) wiederholt passieren. Gerade wiederholte (Arbeits-)Migration kann bei Menschen dazu führen, dass sie sich viel Wissen über unterschiedliche Lebensweisen aneignen und einen Lebensstil entwickeln, zu dem es gehört, sich gut an immer wieder neue Kontexte anzupassen.

Solch ein migrantischer Lebensstil kann zu einem Gefühl von Nichtzugehörigkeit führen. Dies ist oft der Fall, wenn Familie oder Freunde an anderen Orten der Welt leben. Der migrantische Lebensstil kann aber auch dazu führen, dass gerade die räumlichen Wechsel und die neuen Orte wichtige Bestandteile des eigenen Lebens und der persönlichen Identität werden und sich die Menschen als Teil der Gemeinschaft internationaler Migrantinnen und Migranten sehr wohl fühlen. Migration kann also sehr wohl Teil des Lebensstils eines Menschen werden.

Wem fühlen sich Migrant:innen verbunden?

Wenn Menschen migrieren, in verschiedenen Staaten leben und Beziehungen zu Menschen auch außerhalb ihres Wohnumfeldes pflegen, stellt sich die Frage, mit wem oder was sie sich verbunden fühlen. Ist es der Nationalstaat? Sind es ihre Freunde, Nachbarn, ist es ihre Familie? Oder der Ort, an dem sie leben? Dies ist für den und die einzelne Migrant:in unterschiedlich. Gleich ist ihnen, dass sie soziale und räumliche Bindungen haben: Sie fühlen sich Menschen und Orten verbunden. Die Art der Bindungen ist individuell verschieden, aber sie enthalten alle eine emotionale Komponente. Es geht darum, dass sich eine Person als Individuum jemandem oder etwas verbunden fühlt. Dies kann eine Person sein, eine Gruppe, aber auch ein Objekt wie eine Tasse, es kann ein Land sein oder ein Ort: Dazu wird eine Bindung aufgebaut.

In der Regel gehen solche Bindungen mit einer kollektiven Einbettung einher: Man sieht Gemeinsamkeiten zu anderen, die sich ebenfalls zu einem Land oder einer Stadt oder einem Objekt hingezogen fühlen. Es kommt zu Gefühlen der Solidarität und der Gemeinschaft, die der Bindung eine kollektive Dimension geben.

Bindungen, die mit einer solchen Form des emotionalen Eingebunden-Seins verbunden sind, werden als Zugehörigkeit, als → *belonging*, beschrieben.

Wenn diese Zugehörigkeit einen Ort beinhaltet und dieser Ort konstitutiv für die Zugehörigkeit ist, dann kann man von → Ortsbindung, auch: *place attachment*, sprechen. Ortsbindung bedeutet nicht nur, einen Ort zu mögen und gerne dort zu leben. Vielmehr bedeutet es ein Zusammenspiel von Menschen, Emotionen und Orten, denen man sich verbunden fühlt.

Migrant:innen fühlen sich daher sowohl anderen Personen und Gruppen als auch Orten, Regionen und Ländern verbunden. Dies ist nicht nur bei Migrant:innen der Fall. Aber aufgrund ihrer räumlichen Mobilität stehen sie in der Regel vor besonderen Herausforderungen, da sie soziale und räumliche Bindungen im Laufe ihrer Migration immer wieder neu herstellen (müssen).

Filmtipp | Der Film „Almanya" (2011) thematisiert die Erfahrungen von Menschen, die im Zuge der sogenannten Gastarbeitermigration nach Deutschland kamen, und ihrer Nachfahren. In dem Film werden Fragen von Identität, Zugehörigkeit, Heimat gestellt und gezeigt, wie diese Fragen von den unterschiedlichen Generationen auch unterschiedlich beantwortet werden.

Welche Rolle spielt Migration im Profisport?

Der Profisport ist in fast allen Bereichen sehr international und damit auch von Migration geprägt. In den Basketball-, Fußball- und Handballligen in Europa gibt es kaum Vereine, in denen keine Migrant:innen spielen. Diese Sportler:innen haben im Verlauf ihrer Karriere oft unterschiedliche Arbeitgeber in unterschiedlichen Ländern und leben für die Zeit ihrer Anstellung an dem Ort des jeweiligen Vereins. Es gibt dabei deutliche Unterschiede zwischen den Sportarten, abhängig davon, ob die Sportarten eher über nationale Verbände oder lokale Vereine organisiert sind. So sind die Skiverbände national organisiert und Ballsportarten zumeist in Vereinen. Bei den national organisierten Sportarten spielt Migration dann eine Rolle, wenn etwa Trainer:innen aus dem Ausland engagiert oder Sportler:innen eingebürgert werden, um ihnen eine Starterlaubnis für eine bestimmte Nation zu ermöglichen. Bei den lokal organisierten Vereinen spielt Migration eine Rolle, weil die Spieler:innen, aber auch Trainer:innen und Funktionäre in vielen Fällen im Verlauf ihrer Sportbiographie zu internationalen Migrant:innen werden. International bestehen für diese Personen besondere Regelungen, die ihnen eine Arbeitserlaubnis im jeweiligen Land ermöglichen.

Der Sport gilt dabei oft als Beispiel für ein gutes Miteinander von Menschen aus unterschiedlichen Ländern. Aus dieser Perspektive wird Sport als sehr integrativ bezeichnet. Auch werden oft Beispiele aus dem Sport herangezogen, um migrantische „Erfolgsgeschichten" zu erzählen. So etwa im Fall des schwedischen Fußballprofis Zlatan Ibrahimovic oder des deutschen Fußballprofis Mesut Özil. Beide Sportler sind in den Ländern aufgewachsen, für deren Nationalmannschaft sie spielen, haben aber Elternteile aus einem anderen Land. Sie werden medial und politisch als Beispiele herangezogen, um zu zeigen, was im Sport möglich ist und welche große Bedeutung Menschen mit → Migrationshintergrund in den jeweiliegn Ländern haben. Am Beispiel von Mesut Özil wird außerdem deutlich, wie Identität an Herkunft geknüpft wird. Mesut Özil entschied sich mit 18 Jahren für die deutsche und gegen die türkische Staatsangehörigkeit. Während seiner aktiven Zeit als deutscher Nationalspieler wurde er aufgrund dieser Entscheidung immer wieder von türkischen Fußballfans angefeindet (Mende und Richter 2010), Spiele zwischen Deutschland und der Türkei wurden medial auch als besonders herausfordernd dargestellt, da sie den Spieler – und andere mit ähnlicher Migrationsgeschichte – vermeintlich vor Loyalitätsprobleme stellten.

Trotz der angenommenen integrativen Leistung von Sport sind auch hier rassistische Diskriminierungen ebenso an der Tagesordnung wie fehlende Repräsentanz von Migrant:innen oder Personen mit → Migrationshintergrund auf der Funktionärsebene. Dies gilt für den Profisport ebenso wie für den Amateursport. Hier gibt es außerdem deutliche Unterschiede zwischen den einzelnen Sportarten. So finden sich in Deutschland im Vereinsfußball deutlich mehr Migrant:innen und Menschen mit Migrationsgeschichte als im Handball (Thiel und Seiberth 2020, 10). In bestimmten Sportarten und Bereichen im Sport spielt Migration also eine sehr kleine Rolle, in anderen eine sehr große. In jedem Fall ist Sport aber nicht unberührt von Migration.

Wie hängen Essen und Migration zusammen?

Migration und Essen hängen auf vielfache Weise zusammen (United Nations Network in Migration 2021). Drei sind besonders augenfällig: Erstens sind weltweit viele Menschen, die in der Gastronomie arbeiten, Migrant:innen. In Deutschland machen Migrant:innen im Jahr 2019 und 2020 etwa ein Drittel der Beschäftigten im Gastronomieservice aus, unter den Köch:innen war es etwa ein Viertel (Hickmann u. a. 2021, 15). Zweitens haben viele Gerichte, die heutzutage in Restaurants oder Imbissen verkauft werden, ihren Usprung in anderen Ländern oder sind von anderen Ländern und Esskulturen inspiriert (Möhring 2012; T. Müller 2018; dazu auch als Beispiel International Organization for Migration 2017). Drittens ist Essen für Migrant:innen eine Form, um das Vertraute in der Fremde zu bewahren und sich zuhause zu fühlen (Abbots 2016; Matta, Suremain, und Crenn 2021). In der Wissenschaft nennt man solches Essen auch *comfort food*: Es erzeugt Sicherheit, eine emotionale Verbindung zum Herkunftsland und zu der Herkunftsgesellschaft, die auch in der Distanz bestehen bleibt, und macht es möglich, die eigenen Vorlieben und Präferenzen auch in der Fremde zu pflegen.

Ein passendes Beispiel dafür ist Tee. Tee ist selbst Migrant und ist gleichzeitig sehr wichtig für Migrant:innen. Tee ist in vielen Ländern der Welt ein gängiges Getränk: In Großbritannien ist der *afternoon tea* Teil der britischen Kultur. Dabei ist der Tee erst im Zuge der kolonialen Handelsbeziehungen nach Großbritannien gekommen und damit quasi selbst ein Migrant. Die Kolonialisierung des indischen Subkontinents machte es möglich, den dort angebauten Tee über die eigenen Handelswege in das Vereinigte Königreich zu importieren. Rund um den Tee enstand eine eigene Teekultur mit zum Teil rituellem und zeremoniellem Charakter. In Deutschland findet sich etwas Vergleichbares in Ostfriesland. Die ostfriesische Teezeremonie ist seit 2016 als immaterielles Kulturerbe anerkannt. Derartige, an ein Lebensmittel gebundene Zeremonien werden von Migrant:innen oft an ihrem neuen Aufenthaltsort beibehalten und praktiziert und tragen dazu bei, die Bindung an ihre Herkunftskultur aufrechtzuerhalten (SWR2 2021).

Linktipp | Das Migration Museum in London hat in der Ausstellung „Room to Breathe“ verschiedene Aspekte des Ankommens in einem neuen Land dargestellt. In kurzen Audiosequenzen erzählen Migrant:innen dort ihre Geschichten und stellen dabei unter anderem die Bedeutung von Essen oder Musik für ihr Leben in ihrer neuen Heimat vor: https://www.migrationmuseum.org/stories/.

Handelt es sich um Migration, wenn jemand in ein anderes Land zur Arbeit pendelt?

Nein. Die Antwort auf diese Frage ist kurz und eindeutig. Zur Überprüfung kann man die formalen Kriterien für Migration anwenden: Eine Person, die in Trier wohnt und nach Luxemburg pendelt, um dort zu arbeiten, ist international mobil, aber migriert nicht. Fragt man die Arbeitspendler:innen allerdings nach ihren persönlichen Erfahrungen, so werden sie in vielen Fällen Ähnliches erzählen wie Personen, die formal als Migrant:in zählen. Alle erleben, wie es ist, an unterschiedlichen Gesellschaften teilzuhaben. Sei es über das Arbeitsumfeld oder über die Nachbarschaft am Wohnort. Alle erleben, dass Gesellschaften unterschiedliche Arten der Organisation des alltäglichen Lebens haben, angefangen von der Müllabfuhr über den öffentlichen Personennahverkehr bis hin zum Steuersystem. Und diejenigen, die in ein Land zur Arbeit pendeln, in dem eine andere Sprache gesprochen wird, erleben auch die sprachlichen Unterschiede und Barrieren, die daraus entstehen.

Man kann daher davon sprechen, dass sich in subjektiver Hinsicht die Erfahrungen von internationalen Arbeitspendler:innen und internationalen Migrant:innen ähneln. Es gibt allerdings auch deutliche Unterschiede. Sie betreffen insbesondere das → Aufenthaltsrecht der Personen und die damit verbundenen Möglichkeiten der staatsbürgerlichen Teilhabe, etwa an Wahlen. Auch die Bindungen vor Ort und die Art der Netzwerke unterscheiden sich oft, da internationale Migrant:innen häufig in vielfältige transnationale Beziehungen eingebunden sind. Diese Beziehungen sind Teil ihrer migrantischen Identität und ihres migrantischen Lebensstils und unterscheiden sie von Arbeitspendler:innen.

Ist Migration für alle Geschlechter gleich?

Migration, ihre Gründe und ihre Wirkungen sind für verschiedene Geschlechter unterschiedlich (Hillmann und Wastl-Walter 2011).

Bemerkenswert ist, dass Migration in der Geschichte der → Migrationsforschung und der politischen Handhabung oft als männliches Phänomen gedacht wurde (Han 2003; Hanewinkel 2018). Frauen kamen zumeist dann vor, wenn es um Familienzusammenführung oder den Nachzug von Familienangehörigen ging.

Frauen sind aber nicht nur gleichermaßen an Migration beteiligt, sondern auch in anderer Weise von ihr und ihren Folgen betroffen. 2020 machten Frauen knapp die Hälfte aller internationalen Migrantinnen und Migranten aus, wie die Daten der UN zeigen (United Nations Department of Economic and Social Affairs 2020, 25). Sie sind dabei auch in besonderem Maße Gefahren wie illegalem Menschenhandel, sogenanntem *trafficking*, ausgesetzt (United Nations Office on Drugs and Crime (UNODC) 2018, 25). Migrantinnen erfahren außerdem Diskriminierung, Ausbeutung und Bedrohung oft in stärkerer Weise als männliche Migranten. Gleichzeitig kann Migration die Situation von Frauen aber auch verbessern und sie zu einem selbstbestimmteren Leben befähigen, etwa wenn sie in einem anderen Land Bildungszugang erhalten, der ihnen in ihrem Herkunftsland aufgrund anderer gesellschaftlicher Strukturen und rechtlicher Voraussetzungen verwehrt geblieben wäre (Morokvasic 2018).

Eine gendersensible Herangehensweise auch in der Migrationspolitik zu berücksichtigen wird daher inzwischen auch von internationalen Organisationen wie der UN empfohlen und in Handlungsempfehlungen übertragen (von Hase und Stewart-Evans 2021). Dies würde helfen, den Blick auf das gesamte Feld der Genderidentitäten zu richten. Denn die Situationen von migrierenden LGBTIQ+-Menschen ist derzeit noch wenig erforscht und kaum sichtbar. Sie haben oft besondere Gründe für die Migration oder sind besonders vulnerabel, da sie sowohl im Herkunftsland als auch während der Migration und im Zielland in besonderer Weise mit Vorurteilen und Diskriminierung konfrontiert sind. Darauf weist etwa das Projekt „Fluchtgrund queer: Queer Refugees Deutschland" hin, das vom Lesben- und Schwulenverband Deutschland (LSVD) durchgeführt wird (LSVD 2023).

Man sieht dabei regionale Unterschiede in der Migration. So sind in Europa, Nordamerika und Zentral- und Südasien die Migrationsmuster beider Geschlechter recht ähnlich, in der Region Nordafrika und Westasien (inkl. arabische Staaten) allerdings recht unterschiedlich (siehe Abbildung). Migrationsmuster meint hier den jeweiligen Anteil von weiblichen und männlichen Personen an der gesamten Gruppe von Migrant:innen, die in einer Region leben.

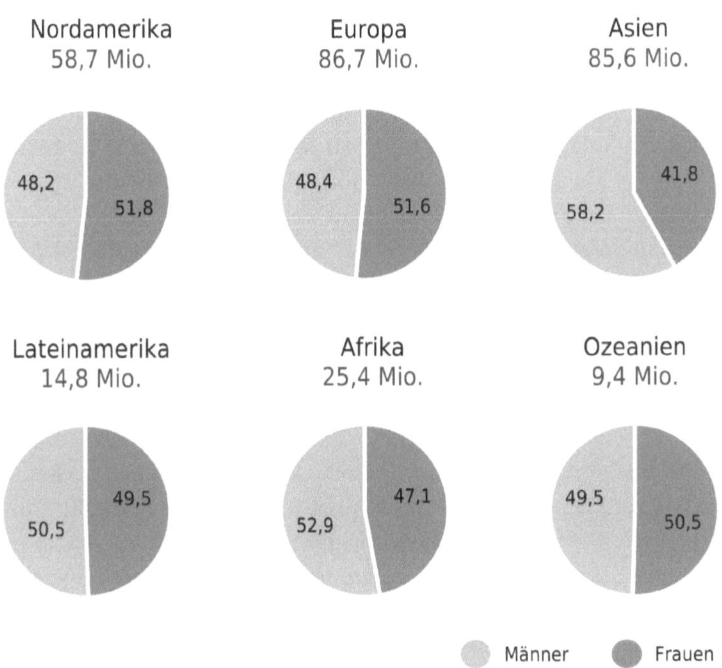

Abbildung 6 | Migrationsmuster (eigene Darstellung nach https://www.migrationdataportal.org/themes/gender-and-migration)

Film- und Linktipp | Der Film „Lilja 4-ever" des schwedischen Regisseurs Lukas Moodysson aus dem Jahr 2002 thematisiert die zum Teil grausamen Folgen von Migration für Frauen. Aus der Sicht der jungen Frau Lilja werden internationaler Menschenhandel, Zwangsprostitution, aber auch die mit Migration verbundenen Hoffnungen und Träume und das Leben in einer fremden Gesellschaft dargestellt. Damit gibt der Spielfilm ein eindrückliches Bild von der Situation, mit der sich Migrantinnen konfrontiert sehen können.

Die Heinrich-Böll-Stiftung hat mit ihrem Themenschwerpunkt „LGBTIQ* und Flucht" eine Informations- und Vernetzungsplattform geschaffen: https://heimatkunde.boell.de/de/lgbtiq-und-flucht. Hier wird über die weltweite Situation von LGBTIQ*-Menschen auf und nach der Flucht informiert und die Möglichkeit zum Austausch und zur Ver-

netzung geschaffen. Auf der Seite findet sich auch der Podcast „Queer, Schwarz und Migrant“, der die Merkmale und Bedeutung einer intersektionalen Perspektive auf Migration beschreibt. Eine intersektionale Perspektive einzunehmen bedeutet, die verschiedenen Identitäten, die Menschen haben – hier: Migrant:in zu sein, schwarz zu sein, queer zu sein – anzuerkennen und zu verstehen, wie sie zusammenwirken, und zwar sowohl für die einzelne Person als auch für die Art und Weise, wie sie von anderen wahrgenommen, oft auch: diskriminiert und ausgegrenzt, wird.

Ist Migration für alle Altersgruppen gleich?

Migration gestaltet sich für verschiedene Altersgruppen unterschiedlich. Älteren Migrant:innen fällt es oft schwerer, eine neue Sprache und neue Gepflogenheiten zu lernen. Jüngere Migrant:innen und vor allem Kinder sind dagegen oft sehr gut in der Lage, neue Sprachen und Lebensweisen anzunehmen und sich das Neue anzueignen. Älteren Migrant:innen dagegen gelingt es oft leichter, Erlebnisse im neuen Aufenthaltsort einzuordnen und sich über die → Integration in den Arbeitsmarkt in der Gesellschaft einzuleben. Gerade jüngere Migrant:innen, die ihre Schulbildung abgeschlossen haben, aber noch nicht in den Arbeitsmarkt eingestiegen sind, befinden sich in einem Übergangsstadium, das durch einen neuen Ort noch fragiler ist und oft wenig Orientierung bietet.

Darüberhinaus unterscheiden sich auch die Gründe für Migration zwischen den Altersgruppen wie auch die finanziellen Möglichkeiten. So zeigt Margit Fauser (2020), dass sich eine besondere Form der privilegierten Migration nach dem Eintritt in das Rentenalter einstellen kann: Rentner:innen migrieren in andere, oft klimatisch für sie angenehmere Länder, um dort ihren Lebensabend zu verbringen. In bestimmten Regionen bilden sich daraufhin sogar bestimmte Infrastrukturen heraus, die etwa ärztliche Versorgung in der Muttersprache der Migrant:innen gewährleisten. Auch medial wird eine solche *lifestyle migration* durchaus aufgriffen, und es werden Tipps für geeignete Orte im Ausland gegeben (Maier 2022).

Migration gestaltet sich für verschiedene Altersgruppen also unterschiedlich. Damit ist Alter neben Geschlecht, Herkunftsland und Staatsbürgerschaft, Ausbildungsstand und ökonomischen Ressourcen eine weitere Dimension, die die Erfahrung und das Bewältigen von Migration beeinflussen.

Wie hängen Migration und Rassismus zusammen?

Im Zuge von Migration kommen Menschen in Gesellschaften, die sich äußerlich von der Mehrheit der Aufnahmegesellschaft zum Teil deutlich unterscheiden. Dies kann an der Hautfarbe liegen, an der Größe, aber auch an der Haarfarbe oder der Gesichtsform. Diese äußerlichen Unterschiede werden dann manchmal darauf zurückgeführt, dass diese Menschen einer anderen ‚Rasse' angehörten. Und eine solche Zuschreibung und Klassifizierung nennt sich → Rassismus.

Rassismus bedeutet, andere Menschen aufgrund ihrer vermeintlichen Zugehörigkeit zu einer anderen ‚Rasse' abzuwerten. Das Wort ‚Rasse' muss hier in Anführungszeichen gesetzt werden, da es nach heutigem Stand der Forschung keine menschlichen Rassen gibt (Kattmann 1999). Die Unterteilung von Menschen in unterschiedliche Rassen ist vielmehr eine menschengemachte (Anderson 2008). Indem die Gesamtheit von Menschen in unterschiedliche Gruppen unterteilt und als Rassen bezeichnet werden, werden Menschen aufgrund einzelner Merkmale gruppiert, und die Unterschiede zwischen ihnen werden betont. Dieser Prozess der ‚Anders-Machung' wird auch mit mit dem englischen Begriff „Othering" bezeichnet. Beim Rassismus kommt dazu, dass dieses → Othering mit einer Abwertung bestimmter Gruppen und der Aufwertung anderer Gruppen einhergeht. Daraus entsteht eine Hierarchie unter den Gruppen. Historisch ging Rassismus mit Abwertung, Diskriminierung, Ausgrenzung und (tödlicher) Gewalt zusammen und tut es auch heute noch (A.-L. Müller u. a. 2023).

Migration und Rassismus sind daher miteinander verbunden, da durch Migration Menschen in ein Land einwandern, die im Vergleich zu den Menschen der Aufnahmegesellschaft als anders wahrgenommen werden (vgl. dazu auch Pott 2017). Diese wahrgenommene Andersartigkeit wird dann in einigen Fällen und von einigen Personen oder Gruppen damit erklärt, dass die unterschiedlichen Menschen verschiedenen ‚menschlichen Rassen' zugeordnet werden. In den meisten Fällen ist diese Klassifizierung mit einer Abwertung der eingewanderten Menschen verbunden, die sich oft auch in verbalen Angriffen bis hin zu gewalttätigen Anschlägen wie am 19.2.2020 in der hessischen Stadt Hanau (Bildung 2022) äußert.

Linktipp | Mit der Gründung des Deutschen Zentrums für Integrations- und Migrationsforschung (DeZIM) im Jahr 2017 wurde auch der Nationale Diskriminierungs- und Rassismusmonitor (NaDiRa) eingerichtet: https://www.rassismusmonitor.de/. Dieser führt quantitative Befragungen zu den Themen Rassismus und Diskriminierung durch. Ziel ist es, mehr Wissen über in der Gesellschaft verbreitete Einstellungen, aber auch über (rassistische und diskriminierende) Erfahrungen zu erhalten. Die Befragungen fokussieren unterschiedliche Themen und liefern Daten, die dann wiederum für politische und zivilgesellschaftliche Organisationen und Medien anwendbar sind, aber auch in rechtliche und öffentliche Debatten einfließen sollen.

Migration und Wissenschaft oder: wer weiß, was Migration ist

Bisher wurde beschrieben, was Migration ist, welche Merkmale sie hat, wie sie sich auf die Migrant:innen selber, auf die Gesellschaft im Herkunftsland und auf die Gesellschaft in dem Land, in das migriert wird, auswirkt. Doch woher kommen die Klassifikationen für Migration? Welche Gedanken sich die Wissenschaft über Migration macht, worüber man sich einig ist und worüber gestritten wird: darum soll es in diesem abschließenden Kapitel gehen.

Wer macht Migrationsforschung?

Die → Migrationsforschung ist ein Forschungsfeld, in dem Menschen aus unterschiedlichen Disziplinen und unterschiedlichen Institutionen arbeiten. Den Kern machen die Personen aus, die an Universitäten, Hochschulen und Forschungsinstituten arbeiten und hauptberuflich damit beschäftigt sind, zu Migration und migrationsbezogenen Themen wie → Flucht, Arbeitsmarktintegration und Diskriminierung zu forschen. Dazu kommen Personen, die sich in zivilgesellschaftlichen Organisationen, *think tanks*, Beratungsagenturen, Stiftungen und privatwirtschaftlichen Unternehmen mit dem Thema Migration beschäftigen und in zumeist kleineren und zeitlich befristeten Projekten zu ausgewählten Themen forschen. Die unterschiedlichen Akteure im Feld der Migrationsforschung haben entsprechend ihrer institutionellen Zugehörigkeit auch unterschiedliche Ziele und Anliegen, die sie mit ihrer Forschung verfolgen. Außerdem haben sie durch ihre Ausbildungen und beruflichen Hintergründe verschiedene Herangehensweisen. Dies macht die Migrationsforschung zu einem interdisziplinären und vielfältigen Feld. Wissenschaftler und Wissenschaftlerinnen vor allem aus den Sozial-, Gesellschafts- und Geisteswissenschaften, aber auch aus der Rechtswissenschaft, Psychologie und Sportwissenschaft, ordnen sich der Migrationsforschung zu. Angestellte von Migrantenselbstorganisationen (MSO) und Stiftungen, mit einem Hintergrund in Volkswirtschaftslehre oder Sozialer Arbeit, sind ebenso Teil des Feldes. Auch selbstständige Stadtplaner:innen und Verwaltungsmitarbeiter:innen, die in ihren Bereichen Forschungsprojekte zu Migration verantworten, gehören dazu.

Aus der Vielfalt der Akteure ergibt sich, dass die Blickwinkel und Schwerpunkte sich je nach Person und Institution in diesem Feld unterscheiden. Dies ist der Grund dafür, dass die Erkenntnisse, die die Migrationsforschung hervorbringt, sehr vielfältig sind. Im besten Fall ergänzen sie sich, um ein möglichst vollständiges Bild eines ebenfalls sehr vielfältigen Phänomens zu geben. Sie können sich aber auch widersprechen. Das ist etwa der Fall, wenn ein Phänomen aus sehr unterschiedlichen Perspektiven und auf Grundlage unterschiedlicher Daten anders interpretiert wird. Hier ist es wichtig, in der gemeinsamen Debatte zu einem Austausch zu kommen, warum es Widersprüche gibt und was sie für die Beschreibung und Erklärung des Phänomens bedeuten.

Ein Beispiel für eine außeruniversitäre Forschungseinrichtung ist das Deutsche Zentrum für Integrations- und Migrationsforschung (DeZIM).

Das DeZIM ist ein Forschungsinstitut, das zu Themen rund um Migration forscht. Dazu gehören: → Integration, Diskriminierung, → Rassismus, Migrationsrouten, die Beteiligung von Migrant:innen am Arbeitsmarkt und vieles andere. Es wurde 2017 als Reaktion auf die großen Migrationsbewegungen im Jahr 2015 gegründet und hat zum Ziel, die Integrations- und Migrationsforschung in Deutschland zu fördern und wissenschaftliche Erkenntnisse in Politik, Medien und Öffentlichkeit hineinzutragen. Auf diese Weise übernimmt es auch eine Beratungsfunktion.

Das DeZIM besteht aus dem DeZIM-Institut, das seinen Sitz in Berlin hat, und der DeZIM-Forschungsgemeinschaft. Das DeZIM-Institut wird als außeruniversitäre Forschungseinrichtung vom Bundesministerium für Familie, Senioren, Frauen und Jugend (BMFSFJ) gefördert; die DeZIM-Forschungsgemeinschaft besteht aus sieben Forschungsinstituten in ganz Deutschland, an denen zu Migration und migrationsbezogenen Themen gearbeitet wird. Diese Institute werden von den jeweiligen Institutionen, an die sie angeschlossen sind, finanziert. Die Institute der DeZIM-Forschungsgemeinschaft sind: das Berliner Institut für empirische Integrations- und Migrationsforschung (BIM) der Humboldt-Universität zu Berlin, das Institut für Arbeitsmarkt- und Berufsforschung (IAB) der Bundesagentur für Arbeit (BA) in Nürnberg, das Institut für interdisziplinäre Konflikt- und Gewaltforschung (IKG) an der Universität Bielefeld, das Institut für Migrationsforschung und Interkulturelle Studien (IMIS) der Universität Osnabrück, das Interdisziplinäre Zentrum für Integrations- und Migrationsforschung (InZentIM) der Universität Duisburg-Essen, das Mannheimer Zentrum für Europäische Sozialforschung (MZES) der Universität Mannheim und das Wissenschaftszentrum Berlin für Sozialforschung (WZB).

Was passiert mit den Erkenntnissen der Migrationsforschung?

Die Erkenntnisse aus dem Feld der → Migrationsforschung werden auf unterschiedliche Weise und in unterschiedlichem Ausmaß weiterverarbeitet. Ein Teil der Erkenntnisse, die im Rahmen der Forschung entstehen, bleibt innerhalb der wissenschaftlichen Disziplinen und damit in einem akademischen Umfeld. Hier tragen die Erkenntnisse dazu bei, die wissenschaftlichen Theorien und Konzepte von Migration zu präzisieren, anzupassen oder neu zu formulieren. Ein anderer Teil der Erkenntnisse wird an die Öffentlichkeit und an andere Akteure außerhalb der Migrationsforschung gegeben. Das Feld dieser externen Akteure ist wie die Migrationsforschung ebenfalls sehr heterogen und umfasst beispielsweise städtische Verwaltungen, staatliche Ministerien, Stiftungsräte, Unternehmen, politische Parteien oder Medienkonzerne. Diese Akteure wiederum verwenden die Erkenntnisse der Migrationsforschung dann in ihren Arbeits- und Anwendungskontexten: Ein Unternehmen kann eine → Anwerbestrategie für internationale Fachkräfte erstellen, eine Bildungseinrichtung ihre Angebote für Geflüchtete anpassen, eine Stadtverwaltung ihre bürokratischen Strukturen barrierefreier gestalten.

Beispielhaft lässt sich der Weg der wissenschaftlichen Erkenntnisse in die Gesellschaft am Begriff → Migrationshintergrund aufzeigen: Im Jahr 2004 verfasste der vom damaligen Bundesminister des Innern, Otto Schily, eingesetzte Sachverständigenrat für Zuwanderung und Integration (kurz: Zuwanderungsrat) ein Jahresgutachten, welches das sogenannte „Zuwanderungsgesetz", das damals eingerichtet worden war, und seine Folgen und Wirkungen begutachten sollte (Haberland 2004). In diesem ersten Jahresgutachten problematisierten die wissenschaftlichen Expert:innen, dass die gesellschaftliche Realität nicht mit den vorhandenen Statistiken abgebildet werde. Es fehlten bestimmte statistische Kategorien, um zu erfassen, welche Erfahrungen und Lebensrealitäten die Menschen wirklich hätten, so die Autor:innen:

> „In der deutschen amtlichen Statistik werden Immigranten bislang hilfsweise über das Merkmal ‚Ausländer' bestimmt – nicht jedoch über den tatsächlichen Migrationsstatus. Dadurch wird die Analyse des Integrationsgeschehens verzerrt. Der Begriff ‚Ausländer' bezeichnet alle Personen, die in Deutschland leben und nicht die deutsche Staatsangehörigkeit besitzen. Die Bevölkerung mit Migrationshintergrund (Spätaussiedler, eingebürgerte Zuwanderer, Angehörige der Zweiten und Dritten Generation) kann somit von der amtlichen Statistik nicht ausgewiesen werden; entsprechend liegen für die Menschen mit Migrationshintergrund keine umfassenden amtlichen Bestandszahlen vor." (Sachverständigenrat für Zuwanderung und Integration 2004, 418, Herv. i. O.)

Dieser Bestandsaufnahme folgte die Empfehlung und Forderung, die Kategorie des Migrationshintergrundes einzuführen (Sachverständigenrat für Zuwanderung und Integration 2004, 418f.). Diese Forderung markiert den Beginn der Karriere der Bezeichnung „Person mit Migrationshintergrund". Im Folgejahr (2005) wurde die Kategorie „Migrationshintergrund" in

Deutschland in den Mikrozensus aufgenommen. Seitdem hat die Kategorie nicht nur Einzug in die amtliche Statistik erhalten, sondern auch in den medialen und öffentlichen Diskurs sowie in die Alltagssprache. Damit ist die Kategorie „Migrationshintergrund" ein eindrückliches Beispiel dafür, wie wissenschaftliche Erkenntnisse aus der Migrationsforschung ihren Weg in andere Bereiche der Gesellschaft finden.

Wer entscheidet, was Migration ist?

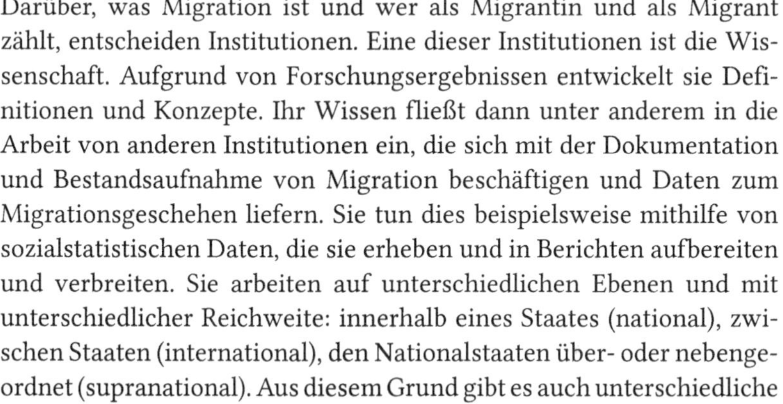

Darüber, was Migration ist und wer als Migrantin und als Migrant zählt, entscheiden Institutionen. Eine dieser Institutionen ist die Wissenschaft. Aufgrund von Forschungsergebnissen entwickelt sie Definitionen und Konzepte. Ihr Wissen fließt dann unter anderem in die Arbeit von anderen Institutionen ein, die sich mit der Dokumentation und Bestandsaufnahme von Migration beschäftigen und Daten zum Migrationsgeschehen liefern. Sie tun dies beispielsweise mithilfe von sozialstatistischen Daten, die sie erheben und in Berichten aufbereiten und verbreiten. Sie arbeiten auf unterschiedlichen Ebenen und mit unterschiedlicher Reichweite: innerhalb eines Staates (national), zwischen Staaten (international), den Nationalstaaten über- oder nebengeordnet (supranational). Aus diesem Grund gibt es auch unterschiedliche Definitionen dessen, wer als Migrant und Migrantin bezeichnet wird. Welche Definitionen verwendet werden, hängt von Konventionen ab. Diese Konventionen wiederum entstehen über Debatten und inhaltlich informierte Aushandlungen zwischen Expert:innen.

Auf der Ebene der Nationalstaaten gibt es zwar einen recht großen Konsens darüber, dass die Definitionen der UN und ILO als Referenz für die eigenen Definitionen herangezogen werden. Es gibt aber keine rechtlich bindende Vereinbarung und damit auch keine Definition, die in jedem Staat der Welt gilt. Allerdings gibt es internationale Vereinbarungen, einheitliche Definitionen zu verwenden. Ziel dieser Vereinbarungen ist, statistische Erhebungen international vergleichbar zu machen. So erheben die Mitgliedsstaaten der EU statistische Daten zu Migration, die vom Statistikamt der EU, *Eurostat*, aufbereitet werden. Ähnlich arbeiten auf weltweiter Ebene die *Organisation for Economic Co-operation and Development* (OECD) und die Weltbank (World Bank).

Supranationale Institutionen, die für Definitionen von Migration zuständig sind, sind die Vereinten Nationen (UN) und die *International Labour Organisation* (ILO). Innerhalb der UN gibt es die *UN Migration Agency* und die *International Organization for Migration* (IOM), die sich mit Fragen der Migration beschäftigen. Dazu gehört auch, dass sie Definitionen erarbeiten, wer als Migrantin und Migrant gilt. Die ILO beschäftigt sich mit arbeitsbezogenen Aspekten von Migration und erarbeitet entsprechende Definitionen und Handreichungen. Hier geht es darum, zu bestimmen, wann jemand als Arbeitsmigrant und Arbeitsmigrantin gilt.

Worüber ist man sich einig?

Innerhalb der wissenschaftlichen Gemeinschaft und gemeinsam mit den anderen politischen und zivilgesellschaftlichen Akteuren besteht Einigkeit darüber, dass Migration ein sozialräumliches Phänomen ist, das sich dadurch kennzeichnet, dass Menschen nationalstaatliche → Grenzen überschreiten. Außerdem gibt es einen Konsens darüber, dass unterschiedliche Gründe und Motive vorliegen können, die Menschen dazu veranlassen, zu migrieren. Die Gründe lassen sich pauschal in zwei Bereiche unterteilen: Zwang und Freiwilligkeit. Die Pole dieses Kontinuums können idealtypisch durch Fluchtmigration auf der Seite des Zwangs und *lifestyle migration* auf der Seite der Freiwilligkeit charakterisiert werden.

Ähnlich verhält es sich mit den Motiven, die für das Verlassen des Herkunftslandes maßgeblich sind: Körperliche Unversehrtheit im Fall der Fluchtmigration und Ausleben des eigenen Lebensstils im Fall der *lifestyle migration* wären die beiden korrespondierenden Motive auf den jeweiligen Enden der Motivpole. Allerdings wird an dieser dichotomen Unterteilung schon die Schwierigkeit solcher Unterteilungen deutlich. Nach der → Flucht eine Lebensweise zu finden, die den eigenen Werten und Vorstellungen entspricht, trägt auch zur Unversehrtheit bei, in diesem Fall der seelischen. Und in einem anderen Land einen Lebensmittelpunkt zu suchen, an dem der eigene Lebensstil oder der Lebensstil der Familie (beispielsweise im Fall von gleichgeschlechtlichen

Paaren) gelebt werden kann, kann auch als Flucht vor den (sozialen) Verhältnissen vor Ort gelesen werden.
Je genauer man sich anschaut, wer warum auf welche Weise migriert, desto unschärfer werden also die Grenzen zwischen Migrationsformen, ihren Gründen und Merkmalen. Und je nachdem, aus welcher spezifischen Perspektive die Wissenschaftler:innen auf ein Phänomen schauen, desto weniger einig sind sie sich potentiell.

Welcher Konsens besteht über Definitionen und Konzepte?

Trotz der Vielfalt und Komplexität der Phänomene, die unter dem Oberbegriff Migration gefasst werden, hat sich ein wissenschaftlicher Konsens über zwei Dinge herausgebildet: Erstens gibt es *Definitionen* von Migration, die sich zwar je nach wissenschaftlicher Disziplin und Anwendungskontext unterscheiden können, aber in ihrer Grundstruktur überall akzeptiert werden. Zweitens lassen sich *Konzepte* formulieren, die Idealtypen und damit Reinformen von Migration beschreiben, mit denen Migrationsphänomene beschrieben und unterschieden werden können. Definitionen ebenso wie Konzepte helfen, sich dem Phänomen Migration zu nähern und es in seinen Ausprägungen zu beschreiben. Zudem können historische und regionale Veränderungen mithilfe eines geteilten Vokabulars besser identifiziert und kommuniziert werden.

Bei den Definitionen von Migration sind folgende Punkte ausschlaggebend: Die Unterscheidung von legaler und illegaler Migration ist in juristischen Bereichen handlungsleitend. Die Unterscheidung von einmaliger, mehrfacher und Pendelmigration ist in sozialen und sozialwissenschaftlichen Feldern zentral. Und schließlich ist die Frage nach den Territorien und → Grenzen, die den Kontext der Migration darstellen, für politische, politikwissenschaftliche und geographische Beschäftigungen mit Migrationsphänomenen entscheidend. Damit lassen sich drei Dimensionen der Beschäftigung mit Migration identifizieren, über die Konsens besteht: völkerrechtlich, zeitlich, räumlich.

Trotz der anerkannten Schwierigkeiten bei der Klassifizierung von Migration haben sich verschiedene wissenschaftliche Theorien etabliert, mit denen Migration als besondere Form der räumlichen Mobilität erklärt und modelliert wird. Auch wenn diese Theorien und die damit verbundenen Konzepte und Modelle immer im Kontext ihrer Entstehungszeit betrachtet werden müssen, so stellen sie auch heute noch anerkannte Verfahren dar, mit denen unterschiedliche Typen von Migration beschrieben und voneinander unterschieden werden können. Dazu gehören Modelle, die die Verhältnisse in Herkunfts- und Zielländern in den Blick nehmen (z. B. das *push/pull*-Modell der Migration, Theorie der segmentierten Arbeitsmärkte) ebenso wie Modelle, die stärker auf die individuellen und kollektiven Lebenszusammenhänge der Migrant:innen eingehen (z. B. verhaltensorientierte Ansätze oder Modelle der *new economics of migration*). Hinzu kommen Modelle, in denen die räumlichen Beziehungen eine zentrale Bedeutung haben (z. B. Ravensteins Gesetze der Migration, Distanz- und Gravitationsmodelle). Auch hier besteht Konsens darin, dass die Modelle und Konzepte Idealtypen darstellen und in der Realität zumeist eine vielschichtigere Situation vorliegt. So spielen für eine Migrationsentscheidung in der Regel sowohl individuelle Beweggründe als auch familiäre oder gruppenbezogene Motive und gesellschaftliche Rahmenbedingungen zusammen. Ebenso sind auch die Distanzen zwischen den Ländern, zwischen denen migriert wird, wichtig.

Worüber wird gestritten?

Ein zentraler Punkt, über den gestritten wird, ist die Art und Weise, wie Klassifikationen von Migration vorgenommen werden. Zugrunde liegt der Debatte die Annahme, dass die Art und Weise, wie klassifiziert wird, Realitäten erzeugt. Dies wird sehr deutlich, wenn man sich politische und juristische Auseinandersetzungen mit diesem Thema anschaut. So sind die Visumsvergaben vieler Länder orientiert an Unterscheidungen von Mobilität und Migration: Ein Tourist:innenvisum für die USA erhält eine Person für die Dauer von drei Monaten. Diese Dauer eines Aufenthaltes außerhalb des Staates, in dem sich der Wohnort befindet, zählt international als Mobilität. Und der Besitz eines solchen Visums berechtigt zu anderen Tätigkeiten innerhalb des temporären Aufenthaltslandes als etwa der Besitz eines Arbeitsvisums oder der Staatsbürgerschaft des jeweiligen Staates.

Die Realitäten, die durch die Klassifikationen erzeugt werden, haben Konsequenzen für die Migrant:innen selbst, für die Herkunfts- und Aufnahmegesellschaften und auch für die Herkunfts-, Transit- und Zielstaaten. Auf der Ebene der Klassifikation, wer als Migrant:in bezeichnet wird, ist dies mit Fragen der Identität und der Rechte verbunden. Migrant:innen mit einem Schutz- oder Aufenthaltsstatus können regulär die Infrastrukturen eines Staates nutzen; als irregulär eingestufte Migrant:innen können dies nicht. Als Tourist:in mit einem Dreimonatsvisum kann jemand in einem Staat juristisch und politisch unbehelligt herumreisen, aber die Person hat nicht das Recht zu arbeiten. Als Migrant:in mit der Staatsbürgerschaft des Aufnahmelandes hat eine Person darüber hinaus in der Regel das Wahlrecht und hat die Rechte und Pflichten aller anderen Staatsbürger:innen des Staates, die dort schon immer lebten und/oder nicht wie sie die Staatsbürgerschaft nach der Migration erhalten haben. Auf der Ebene dessen, was als Migration zählt, geht es etwa um Anspruch auf finanzielle Unterstützung im Aufnahmeland oder Schutz vor Abschiebung. Und je nachdem, wer z. B. formal-juristisch als Migrant:in zählt oder was als Migration gefasst wird, sind Nationalstaaten und institutionelle Akteure verpflichtet, zu handeln. Etwa Menschen aufzunehmen und ihre Asylanträge zu prüfen. Daher wird über Klassifikationen oft gestritten, da es mittelbar dann auch um Verantwortung und Finanzen geht.

Linktipp | Im „Inventar der Migrationsbegriffe" finden sich nicht nur die wichtigen Begriffe der aktuellen Beschäftigung mit Migration. In den einzelnen Beiträgen wird zudem nachgezeichnet, in welchem Kontext die Begriffe entstanden sind, wie sie verwendet werden und welche wissenschaftlichen, aber auch öffentlichen und politischen Debatten damit verbunden sind: https://www.migrationsbegriffe.de/.

Was zeigen die Statistiken beim Beispiel Baltische Staaten?

Die Baltischen Staaten Estland, Lettland und Litauen gibt es als eigenständige Staaten erst seit 1991. Vorher waren sie Teil der Sowjetunion. Für Migration und die statistische Erfassung von Migrant:innen spielt das eine große Rolle, da sich im Zuge der Eigenständigkeit der Staaten auch die territorialen Grenzen verändert haben – und diese sind für Migration ja sehr wichtig. Anastasia Gorodzeisky und Inna Leykin zeigen in ihrer Studie, wie die statistischen Kategorien „international migration"

und „foreign born“ in drei großen, staatenübergreifenden Datenpools verwendet werden: in denen der OECD (Organisation for Economic Co-operation and Development), in Eurostat und in den World Bank Indicators (WBI). Schon die erste Beobachtung der beiden Autorinnen ist interessant: Die Kategorien „international migrant“ und „foreign-born population“ werden synonym verwendet (Gorodzeisky und Leykin 2020, 143). Am Beispiel der Baltischen Staaten zeigen die Autorinnen, zu welchem Missverhältnis es dadurch kommt (Gorodzeisky und Leykin 2020, 144) und wie Kategorisierungen mit anderen sozialen Phänomenen zusammenhängen, aber auch von ihnen unterlaufen werden:

> „Our reconstructive analysis clearly demonstrates that the category of international migrant/foreign-born population cannot differentiate between the movement of people across borders (i. e. international migration) and the movement of borders (i. e. geopolitical changes and state formation).“ (Gorodzeisky und Leykin 2020, 148)

In diesem Fall sind es die → Grenzen, die sich seit der Zeit der Sowjetunion verändert haben, die hier zu einer Irritation der Klassifikation führen, und die seit dieser Zeit eingesetzten unterschiedlichen nationalen Gesetze, welche Staatsbürgerschaft, Zuzug und Zugehörigkeit regeln. Dies wiederum führe dazu, wie die Autorinnen herausarbeiten, dass mit vermeintlich neutralen Kategorien spezifische politische und soziale Ausschlüsse einhergehen. Denn Kategorien wie „internationale:r Migrant:in“, „im Ausland geboren“ und „Binnenmigrant:in“ erzeugen unterschiedliche Gruppen von Menschen. Das führe, so die Autorinnen, etwa in Estland und Lettland dazu, dass ein großer Teil der russischsprachigen Minderheit benachteiligt wird, da ihnen auf Grundlage ihres Status als internationale Migrant:in staatsbürgerschaftliche Rechte oft verwehrt blieben (Gorodzeisky und Leykin 2020, 151).
Man sieht an diesem Beispiel, wie die über Kategorien vorgenommenen Differenzierungsprozesse von den jeweils aktuellen historischen und räumlichen Kontexten abhängig sind und wie sie mit anderen Differenzierungen – z. B. der territorialen Grenze als Differenzierung zwischen Hier und Dort, Zugehörigkeit und Ausschluss – zusammenhängen. Statistiken sagen damit auch etwas über die jeweiligen geopolitischen Situationen, in die die Phänomene, die hinter den statistischen Zahlen stehen, eingebettet sind.

Wer erzeugt Wissen über Migration?

Es gibt vier verschiedene Akteursgruppen, die maßgeblich daran beteiligt sind, Wissen über Migration zu erzeugen und zur Verfügung zu stellen:

1. Wissenschaftler:innen
2. Nichtregierungsorganisationen (NGOs)
3. Berater:innen, z. B. für politische Entscheidungsträger:innen oder Unternehmen
4. Verwaltungen

Jede dieser Akteursgruppen hat unterschiedliche Anliegen und Zielsetzungen. Zudem unterscheiden sich ihre Perspektiven auf das Phänomen. Je nach Kontext und je nach Thema kommt den Stimmen dieser Akteure außerdem unterschiedliches Gewicht zu. So produzieren NGOs, die sich auf Migration fokussieren, gerade oftmals in Krisenzeiten oder in nichtdemokratischen Staaten mit wenig verlässlichen administrativen Einrichtungen verlässliches Wissen über Migration. Dies liegt daran, dass sie zumeist schon seit sehr langer Zeit in bestimmten Regionen arbeiten, zuverlässige Quellen vor Ort haben oder über ihre langjährige Arbeit eine ausgeprägte Kompetenz aufgebaut haben, um Wissen über bestimmte migrationsbezogene Phänomene zu erhalten. Zu diesen Akteuren gehören internationale Hilfsorganisationen wie „Ärzte ohne Grenzen", aber auch lokale Einrichtungen, die in ausgewählten Regionen oder mit bestimmten Gruppen, etwa unbegleiteten geflüchteten Minderjährigen, arbeiten.

Berater:innen für politische oder wirtschaftliche Akteure dokumentieren und analysieren zumeist die spezifischen Effekte von politischen Interventionen wie Grenzschließungen oder Zuwanderungsprogrammen oder einer auf ausländische Fachkräfte ausgerichteten → Anwerbestrategie. Verwaltungen dagegen erzeugen durch die Dokumentation von Migrationsbewegungen über die Zeit und Migrationsgeschehen vor Ort Wissen darüber, wie sich Gesellschaften durch Migration verändern. Und Wissenschaftler:innen untersuchen empirisch unterschiedliche Migrationsphänomene, setzen sie zueinander in Bezug und entwickeln Theorien, Konzepte und Modelle, um sie zu verstehen und zu erklären. Dieses Wissen wird dann wiederum oftmals von den anderen Akteur:innen in ihre jeweiligen Wissensproduktionen integriert. Man spricht dann auch davon, dass von all diesen Akteuren Wissen über Migration produziert wird.

Wie wird Migration gemessen?

Um Migration zu messen, werden bestimmte Indikatoren verwendet. Das liegt daran, dass Migration selbst nicht unmittelbar erfassbar ist. Vielmehr wird zu einem Stichtag erfasst, wie viele Menschen innerhalb eines festgelegten Bezugsraums ihren Lebensmittelpunkt an einen anderen Ort verlegt haben. Da meistens internationale Migration gemeint ist, wenn von Migration gesprochen wird, ist der Bezugsraum zumeist der Nationalstaat. Es geht dann darum, wie viele Personen ihren Lebensmittelpunkt von einem Staat in einen anderen verlegt haben.

Differenziert wird dann in der Regel danach, wie viele dieser Personen ein → Aufenthaltsrecht beantragt haben, etwa indem sie Asylanträge gestellt haben, und wie viele im Rahmen von bi- oder internationalen Abkommen eingereist sind, etwa basierend auf der in der EU geltenden Freizügigkeitsregelung.

Die gemessene Migration ist daher immer eine nachträglich gemessene Migration: Erst nach der Einreise wird die räumliche Bewegung der Einzelperson Teil des Phänomens Migration. Das Messen von Migration und die Exaktheit der Daten sind außerdem von der administrativen Infrastruktur des jeweiligen Staates abhängig. Gerade in Krisensituationen und in Staaten mit wenig ausgebauten Verwaltungsapparaten werden derartige Daten nicht, nicht regelmäßig oder nicht umfassend erfasst. Außerdem sind Menschen gerade in Krisensituationen nicht in der Lage, ihre Wohnsitzverlagerung zu melden, oder sind aus unterschiedlichen Gründen den Aufnahmestaaten und ihren Behörden gegenüber misstrauisch, so dass sie sich nicht offiziell anmelden. Die gemessene Migration ist daher in der Regel nicht deckungsgleich mit der realen Migration.

Was ist der Afrozensus?

Der sogenannte Afrozensus ist ein Versuch, die Erfahrungen von einer bestimmten Gruppe von Menschen mit sichtbarem → Migrationshintergrund fassbar zu machen. Der Afrozensus 2020 ist ein gemeinschaftliches Projekt von *Each One Teach One* (EOTO) e. V. und *Citizens For Europe* (CFE), gefördert wurde es von der Antidiskriminierungsstelle des Bundes und wissenschaftlich begleitet vom Deutschen Zentrum

für Integrations- und Migrationsforschung (DeZIM) und der Alice Salomon Hochschule.
Das Ziel ist, „die Lebensrealitäten, Diskriminierungserfahrungen und Perspektiven Schwarzer, afrikanischer, afrodiasporischer Menschen in Deutschland [zu erfassen]“ (EOTO 2020). Hintergrund ist die Beobachtung, dass „Schwarze, afrikanische und afrodiasporische Erfahrungen [in Deutschland] bislang durch die Verwendung der Analysekategorie Migrationshintergrund und eine Subsumierung unter allgemeinem Rassismus zu großen Teilen unsichtbar gemacht [werden].“ (Aikins u. a. 2021, 24) Um diese Erfahrungen sichtbar zu machen, wird mit einem *mixed-methods*-Design aus quantitativer und qualitativer Erhebung gearbeitet. Das bedeutet, dass standadisierte Befragungen und individuelle Gespräche kombiniert werden.
Neben der Sichtbarmachung von Lebensrealitäten geht es dem Afrozensus darum, Muster des sogenannten Anti-Schwarzen Rassismus (ASR) zu identifizieren. Das Forschungsteam versteht den Afrozensus dabei zum einen als in der Tradition der schwarzen Ermächtigungsbewegung stehend, zum anderen aber auch nur als ersten Schritt auf dem Weg hin zu einer Sichtbarmachung des ASR und der spezifischen Erfahrungen und Lebenswelten von Schwarzen und afrodiasporischen Menschen (Aikins u. a. 2021, 24).
Innerhalb ihrer Darstellung zur Methode und Methodologie argumentiert das Forschungsteam ausgesprochen reflexiv. Dieser Bericht ist vom Ansatz her vereinbar mit der → Reflexiven Migrationsforschung (→ Was macht die Reflexive Migrationsforschung?) und ihren zentralen Überlegungen. Und einen wichtigen Unterschied gibt es zu anderen Erhebungen, die die verwendeten Kategorien oft als „wertneutrale statistische Kategorie[n]“ (Sachverständigenrat für Integration und Migration 2021, 24) verstehen. Vielmehr betont der Afrozensus, dass statistische Kategorien und Klassifizierungen ein machtvolles Instrument sind, gesellschaftliche Verhältnisse darzustellen und zu erzeugen. Und er setzt dieses machtvolle Instrument ein, um neue Sichtbarkeiten zu schaffen und damit eine neue, andere Wahrnehmung der sozialen Welt zu erzeugen.

Welche wissenschaftlichen Modelle gibt es, um Migration zu erklären?

Es gibt verschiedene Modelle, mit denen die Gründe für Migration versucht werden zu erklären. Einbezogen werden dabei die individuellen Akteure, die Strukturen und Systeme der Herkunfts- und Zielländer, aber auch ökonomische, ökologische und soziale Aspekte (für eine Übersicht z. B. de Lange u. a. 2014; Wehrhahn und Sandner le Gall 2021). Sehr bekannt ist das sogenannte *push/pull*-Modell, in dem Migration mithilfe von „anziehenden“ (*pull*) und „abstoßenden“ (*push*) Faktoren in den Herkunfts- und Zielländern erklärt wird. Darüberhinaus gibt es Modelle, die das Verhalten von Individuen zum Ausgangspunkt nehmen, um Migration zu erklären, und solche, die bestimmte strukturelle Gründe in den Herkunftsländern der Migrant:innen identifizieren, die räumliche Bewegungen geradezu unvermeidbar machten. Beide, die verhaltensorientierten Modelle und die sogenannten *constraints*-Ansätze, sind auch für das *push/pull*-Modell wichtig, wenn dort persönliche Faktoren in die Erklärung von Migrationsentscheidungen einbezogen werden.

Die Grundannahme des verhaltensorientierten Modells ist, dass sich Wanderungen nie vollständig voraussagen lassen und nicht nur strukturelle Gründe auf der Makroebene einbezogen werden müssen, um sie zu erklären. Vielmehr spielen subjektive Gründe auf der Mikroebene von Gesellschaft auch eine wichtige Rolle. Damit berücksichtigt dieses Modell subjektive Handlungen, individuelle Entscheidungen und Wahrnehmungen von Situationen. Dieser Annahme folgend kann man dann sagen, dass sogenannte Wanderungsaspirationen (also der Wunsch zu migrieren) entstehen, die dazu führen, dass bestimmte Personen migrieren. Zum Beispiel wenn ein Gefühl der Unzufriedenheit mit dem aktuellen Wohnort vorliegt und sich eine Person daraufhin auf die Suche begibt, wie sie dieser Unzufriedenheit begegnen könnte. In ihren Blick kann dann möglicherweise auch die Migration geraten. Ob diese Möglichkeit allerdings wahrgenommen wird, hängt auch von der individuellen Situation der Person selbst ab – und damit letztlich von ihrem Verhalten.

Während das verhaltensorientierte Modell von einem Subjekt ausgeht, das aufgrund von Möglichkeiten handelt, die sich ihm bieten, gehen die *constraints*-Ansätze von äußeren Zwängen, sogenannte *constraints*, aus, die das Wanderungsverhalten bestimmen. Zu diesen Zwängen kann die politische Situation im Herkunftsgebiet zählen. Es kann sich aber auch um den Arbeitsmarkt oder um den Wohnungsmarkt handeln. Zwang bedeutet hier nicht, dass jemand aus der Not zu überleben heraus ein Gebiet oder ein Land verlässt. Wenn der Arbeitsmarkt im Zielgebiet deutlich bessere Möglichkeiten bietet, was den ökonomischen Verdienst oder das soziale Prestige angeht, so entstehen daraus sozio-ökonomische Zwänge, die Situation verbessern zu wollen.

Welche vier Faktorengruppen sind im *push/pull*-Modell relevant?

In diesem Modell werden vier Faktorengruppen herangezogen, mit denen Migration erklärt werden soll. Es geht dabei um Faktoren im Zielgebiet und im Herkunftsgebiet sowie um intervenierende Hindernisse und um persönliche Faktoren. Dabei werden die jeweiligen Faktoren entweder als attrahierend, also bindend, verstanden oder als abstoßend. Oder sie werden indifferent wahrgenommen. Es liegen also vier Faktorengruppen und drei Bewertungskategorien vor. Unter *intervenierenden* Hindernissen werden zum Beispiel Einwanderungsgesetze gefasst, die die Wanderung beeinflussen können. Zu den *push*-Faktoren aus dem Herkunftsgebiet können hohe Arbeitslosigkeitsraten zählen, die im Vergleich zu niedrigen Arbeitslosigkeitsraten im Zielgebiet abstoßend erscheinen. Niedrige Arbeitslosigkeitsraten im Zielgebiet sind wiederum *pull*-Faktoren. In dem Modell werden insgesamt sowohl strukturelle als auch soziale Aspekte berücksichtigt. Alter, Persönlichkeit und emotionale Bindungen gehören etwa zu den persönlichen Faktoren, die zur Erklärung einbezogen werden.

Welche Rolle spielen wirtschaftliche Aspekte in den Modellen der Migration?

Ein Grund, der häufig separiert und verwendet wird, um Migration zu erklären, ist der wirtschaftliche Grund. Dies geschieht zum Beispiel in ökonomistischen Wanderungsmodellen. Dazu gehören die sogenannten neoklassischen Modelle. Sie sind Modelle, die ursprünglich in den Wirtschaftswissenschaften und dort in der Schule der *Neo-Classical Economics* entwickelt wurden. Die Grundannahme dieser Modelle ist die des homo oeconomicus: eines Individuums, das rational handelt und danach strebt, seinen Nutzen zu maximieren. Dieses Individuum, das heißt der potentielle

Migrant oder die potentielle Migrantin, entscheidet sich nach einer eigenen Kosten-Nutzen-Rechnung, ob sich Migration lohnt. Wenn der Gesamtnutzen der Migration die Kosten, die er oder sie für Migration und Neuansiedlung aufwenden muss, übersteigt, ist es für ihn oder sie eine rationale Entscheidung, zu migrieren. Als Zielland wird nach dieser Theorie das Land ausgewählt, das so gesehen den höchsten wirtschaftlichen Gesamtnutzen für die Person verspricht, etwa weil die Wahrscheinlichkeit, dass die Person beschäftigt und gut entlohnt wird, sehr hoch ist.

Die *new economics of migration* gehen dagegen von einem anderen wirtschaftswissenschaftlichen Ansatz aus, um Migration zu erklären. Sie sind in den späten 1980er Jahren entstanden. Ausgangspunkt ist die Beobachtung, dass bei Wanderungsentscheidungen nicht nur die einzelnen Individuen eine Rolle spielen, sondern Kollektive und soziale Netzwerke. Anstatt dass die Individuen eine Kosten-Nutzen-Rechnung machen, wird hier argumentiert, dass eine Abwägung von Risiken stattfindet. Diese Abwägung von Risiken wird durch die Kollektive, in die das Individuum eingebunden ist, vollzogen. Das heißt, in diesem Modell spielen Familien oder der Haushalt, in dem eine Person lebt, eine entscheidende Rolle für die Migrationsentscheidung. Dieses Modell hat dann Erklärungskraft, wenn es etwa um Arbeitsmigration geht, von der sich die Familienmitglieder Rücküberweisungen erhoffen – das Individuum arbeitet also nicht nur für sich und sein eigenes Wohlbefinden, sondern ist eingebunden und mit Pflichten versehen in einem größeren sozialen Verband.

Ein weiterer Punkt ist, dass die *new economics of migration* davon ausgehen, dass die Entscheidung zur Migration von einem subjektiven Gefühl des Mangels geleitet wird. Hier geht es um einen relativen Mangel, z. B. an ökonomischen Ressourcen. Ziel ist es, den sozioökonomischen Status gegenüber anderen, etwa Nachbarn, zu verbessern, da man sich im Vergleich zu ihnen unterprivilegiert fühlt. Damit wird erklärbar, dass auch Menschen aus, im globalen Vergleich, reicheren Ländern migrieren, um sich wirtschaftlich zu verbessern.

Was besagen Ravensteins „Laws of Migration"?

Ein historisch wichtiges Modell in der → Migrationsforschung wurde im 19. Jahrhundert entwickelt und ist heute als Ravensteins Gesetze der Migration bekannt (Ravenstein 1889). Ernst-Georg Ravenstein lebte von 1834 bis 1913 und war ein deutsch-englischer Kartograph. Er formulierte in der zweiten Hälfte des 19. Jahrhunderts die sogenannten *Laws of Migration,* mit denen er gewissermaßen die Migrationsforschung begründete. Ausgangspunkt war für ihn die Beobachtung der Wanderungsbewegungen von Arbeitskräften in Großbritannien. Dabei stellte er fest, dass es bestimmte Muster in den Wanderungen und ihren Gründen und Folgen gibt. Daraus formulierte er die sogenannten Wanderungsgesetze, die zum Teil noch heute gelten und empirisch beobachtbar sind. Als Muster zeigten sich u. a., dass

- die Mehrzahl der Migrant:innen kurze Distanzen wandert,
- Wanderungen oft in Etappen verlaufen,
- Wanderungsströme von Gegenströmen begleitet werden,
- die ländliche Bevölkerung stärker als die städtische Bevölkerung an Migration beteiligt ist und
- Wanderungen meist ökonomisch begründet sind.

Die Untersuchungen heutiger Wanderungsbewegungen zeigen, dass einige der Muster, die Ravenstein identifizierte, weiterhin beobachtbar sind, etwa der Verlauf von Migration in Etappen.

Welche wissenschaftlichen Modelle gibt es, um das Einleben von Migrant:innen in Gesellschaften zu erklären?

In der → Migrationsforschung gibt es verschiedene Modelle, um die Situation der Immigrant:innen nach der Zuwanderung zu erklären und in ihren Strukturen zu beschreiben (dazu auch Mecheril 2012). Dazu gehören Assimilations- und Integrationsmodelle. Sie unterscheiden sich darin, wie sie das Einleben von Migrant:innen in ihre jeweils neue Gesellschaft verstehen.

Die sogenannten Klassischen Assimilationsmodelle gehen davon aus, dass die einwandernden Personen nach und nach die Kultur und Praktiken der Gesellschaft, in der sie aufgewachsen sind, aufgeben und die Kultur der Aufnahmegesellschaft mit ihren Normen, Praktiken und ihrem impliziten Wissen um Regeln und gesellschaftliche Verhaltensweisen übernehmen. Sie gleichen sich an die Gesellschaft an: Sie assimilieren sich. Assimilationsmodelle nehmen einen bestimmten Zyklus an, den alle Immigrant:innen durchlaufen, bevor es zur → Assimilation kommt, und sie unterstellen, dass diese Angleichung in allen Bereichen der Gesellschaft stattfindet (Oswald 2007, 93–94).

Wie die Assimilationsmodelle gehen auch die Integrationsmodelle davon aus, dass es sich bei der Eingliederung von Immigrant:innen in eine neue Gesellschaft um einen sehr langen Prozess handelt. Im Zuge dieses Prozesses werden etablierte Rollen und Selbstverständnisse zugunsten neuer Rollen, Praktiken und Selbstverständnisse in der Aufnahmegesellschaft aufgegeben, und ein Prozess der Gewöhnung an das Neue findet statt. Im Zuge dieses Prozesses findet Integration zunächst in einzelnen Bereichen statt: dem Wohnumfeld, dem Arbeitsmarkt, der Bildung. Im Verlauf des Fortschreitens des Prozesses findet so eine immer umfänglichere → Integration statt, die am Ende zu einer vollständigen Integration in alle Teilbereiche der Gesellschaft und einer Identifikation mit ihrer Werte- und Lebenswelt führt.

Als Reaktion auf die Beobachtung, dass nicht immer eine vollständige Angleichung von Immigrant:innen an die Aufnahmegesellschaft vorliegt, wurden dann auch Konzepte entwickelt, die von teilweiser Assimilation sprechen. Diese Modelle der sogenannten partiellen Assimilation gehen nicht davon aus, dass es ein vollständiges Aufgehen der Immigrant:innen in die Aufnahmekultur der neuen Gesellschaft gibt. Vielmehr gebe es bestimmte Bereiche, in denen dies geschehe. Länder, in denen Modelle der partiellen Assimilation auch den politischen Umgang mit Immigrant:innen prägen, sind Israel, Deutschland, USA, Kanada (Oswald 2007, 102–8).

Was besagt das Generationenmodell der Chicago School?

Historisch und wissenschaftlich bis heute bedeutsam ist das Modell der Chicago School. Dieses Modell ist ein sogenanntes Generationenmodell, da es davon ausgeht, dass die Angleichung der Migrant:innen an die Mehrheitsgesellschaft und damit ihre → Assimilation eine sehr lange Zeit in Anspruch nimmt und in der Regel nicht der ersten Generation der Einwanderer gelingt. Das Modell basiert auf Forschungen, die zu Beginn des 20. Jahrhunderts in Chicago durchgeführt wurden. Es wurde von Forschern entwickelt, die zu der Chicago School of Sociology gehörten.

Das Modell beschreibt die Situation der ersten Generation der Immigrant:innen als eine Phase der Gewöhnung, in der sich die Menschen akkomodieren. Dies geschieht vor allem innerhalb der eigenen ethnischen Gemeinschaft. Diese erste Generation kann sich jedoch nicht assimilieren. In der zweiten Generation kommt es auch noch nicht zur Assimilation, sondern zum Konflikt zwischen der Aufnahmegesellschaft und der zweiten Generation der Eingewanderten. Das Besondere für diese zweite Generation ist, dass sie sowohl den Werteerwartungen der ersten Generation und damit deren Herkunftsgesellschaft entsprechen soll, aber auch den Erwartungen der Aufnahmegesellschaft. Die Erwartungen der Aufnahmegesellschaft werden zum Beispiel in der Schule an die zweite Generation herangetragen. Assimilation gelingt nach Annahme dieses Modells erst der dritten Generation. In dieser Generation ist dann der sogenannte Akkulturationsprozess abgeschlossen, er endet mit der Assimilation in die Aufnahmegesellschaft. Die dritte Generation der Eingewanderten lässt sich dann, was ihre Werte, Einstellungen und Praktiken angeht, nicht mehr von der Aufnahmegesellschaft ihrer Großeltern unterscheiden.

Was besagt das Phasenmodell der Integration von Hartmut Esser?

Die Integrationstheorie des Soziologen Hartmut Esser beschreibt den Prozess der Eingliederung von Immigranten und Immigrantinnen in eine Gesellschaft. Die Theorie stammt aus dem Jahr 1980 und wurde in einer Zeit entwickelt, in der die Gesellschaft der damaligen Bundesrepublik Deutschland von den Erfahrungen mit der sogenannten → Gastarbeitermigration geprägt und Migration noch nicht als alltägliche Erfahrung, die die gesamte Gesellschaft betrifft, anerkannt war. Das ist wichtig zu wissen, da sich seitdem sowohl die Gesellschaft als auch die Debatte um Migration sehr verändert hat. Dennoch sind die in der Esser'schen Theorie verwendeten Konzepte weiterhin informativ, wenn man sich mit der Frage beschäftigt, wie zugewanderte Menschen Teil einer für sie neuen Gesellschaft werden.

Esser (1980) formulierte ein Phasenmodell, mit dem sich aus seiner Sicht der Eingliederungsprozess von Immigrant:innen in eine Gesellschaft beschreiben lässt. Das Modell beschreibt, welche Phasen die Menschen durchlaufen, um sich an die neue Gesellschaft zu gewöhnen und in ihr einzuleben. Esser geht von einem mehrstufigen Prozess aus, der sich über eine längere Zeit vollzieht. Die erste Phase der Eingliederung ist die sogenannte → Akkulturation. Hier findet ein erstes Einleben in die neue Gesellschaft statt, und im Mittelpunkt steht das Erlernen von instrumentellem, formalem Handeln, um die neue Lebenssituation bewältigen zu können. Dieser Phase folgt die Phase der → Integration. Hier entwickeln die Immigrant:innen eine Vorstellung davon, wie sie in der neuen Gesellschaft leben wollen, welche Ziele sie haben und auf welche Weise sie diese verwirklichen können. Sie beginnen, soziale Beziehungen nach ihren Wünschen aufzubauen, entwickeln einen Alltag, der ihrem Lebensstil entspricht und nehmen beispielsweise ihre Hobbys wieder auf, die sie vor der → Emigration hatten. Schließlich kommt es in der dritten Phase zur → Assimilation. Diese Phase ist in vier Stufen unterteilt, in der es von der kognitiven über die strukturelle und soziale zur identifikativen Assimilation kommt. Damit ist die Identifikation mit der Aufnahmegesellschaft gemeint; sie zeigt sich, so Esser, etwa in der Teilnahme an Wahlen.

Spätestens an dieser Stelle ist dann wichtig, auch die Aufnahmegesellschaft selbst in den Blick zu nehmen. So ist das Wahlrecht in einem Großteil der Staaten weltweit an die Staatsbürgerschaft gebunden, und das Leben als Migrant:in in einer Gesellschaft geht nicht zwangsläufig damit einher, dass jemand die Staatsbürgerschaft des neuen Aufenthaltslandes annehmen kann oder will. Das Modell hat für heutige Gesellschaften an Bedeutung verloren, da es die → multiplen Zugehörigkeiten und Bindungen von Migrant:innen ebenso wenig berücksichtigt wie die Rolle, die die Aufnahmegesellschaft bei der Integration von Migrant:innen spielt.

Literaturtipp | Der Soziologe Aladin El-Mafaalani beschreibt in seinem Buch „Das Integrationsparadox. Warum gelungene Integration zu mehr Konflikten führt", wie Integration zu gesellschaftlichen Konflikten führen kann und warum diese Konflikte letztlich ein Anzeichen für gelungene Integration sind. Dies ist das „Integrationsparadox", das er identifiziert. El-Mafaalani zufolge komme es bei der erfolgreichen (Selbst-)Eingliederung von Migrant:innen und ihren Nachfahren zu der Situation, dass diese ihren Anspruch an Teilhabe an der Gesellschaft zunehmend auch artikulieren würden. Dadurch entstehe die Situation, dass mehr Menschen – und mehr Menschen mit unterschiedlichen Hintergründen – die Gesellschaft nach ihren Vorstellungen gestalten und in ihr repräsentiert sein wollten. Daraus entstünden konkurrierende Ansprüche an die Gesellschaft oder auch: Konflikte. Zentral ist für El-Mafaalanis Argument, dass diese Konflikte nicht schlecht für die Gesellschaft sind, sondern vielmehr konstruktiv wirken könnten und einen Wandel hin zu einer inklusiveren Gesellschaft erzeugen könnten. Derartige Konflikte zeigten zudem an, dass Menschen an der Gesellschaft teilhaben wollten – und nicht, dass sie sich von ihr distanzierten.

Welche Rolle spielt wissenschaftliches Wissen über Migration in der Politik?

Wissenschaftliches Wissen über Migration spielt eine wichtige Rolle in der Politik. Zum einen werden wissenschaftliche Expert:innen auf allen politischen Ebenen als Berater:innen herangezogenen. Sie sollen Sachverhalte erklären, Handlungsempfehlungen entwickeln und zukünftige Problemfelder identifizieren helfen. In dieser Funktion werden Wissenschaftler:innen entweder punktuell für ein bestimmtes Thema zur Beratung herangezogen, oder es wird ein dauerhaftes Gremium eingerichtet, das den Transfer von wissenschaftlichem Wissen in die Politik gewährleisten soll. Ein solches dauerhaftes Gremium ist in Deutschland beispielsweise der Sachverständigenrat für Migration und Integration und für die Vereinten Nationen (UN) der *Special Rapporteur on the human rights of migrants* (Sonderberichterstatter für die Menschenrechte von Migrant:innen). Zum anderen wird wissenschaftliches Wissen von denjenigen, die in der Politik arbeiten, rezipiert. So verwendet etwa der Wissenschaftliche Dienst des Deutschen Bundestages wissenschaftliche Literatur und die darin verarbeiteten Erkenntnisse, um Einschätzungen von Sachverhalten zu geben oder Anfragen von Fraktionen zu beantworten. Außerdem liefern Forschungsprojekte, die von Ministerien gefördert werden, in der Regel thematische Berichte über Sachstände, Analysen und Dokumentationen von Entwicklungen oder auch Handlungsempfehlungen. Mit diesen Dokumenten wird dann wiederum die politische Arbeit in den jeweiligen Ministerien weiterentwickelt.

Ein Beispiel für einen Akteur, der maßgeblich am Transfer von Erkenntnissen aus der → Migrationsforschung in andere Bereiche der Gesellschaft beteiligt ist, ist der sogenannte Sachverständigenrat für Migration und Integration (SVR). Es handelt sich hierbei um ein Expert:innengremium, das u. a. Berichte und Gutachten zu den Themen Migration und Integration verfasst. Die Mitglieder des Rates werden jeweils für drei Jahre berufen und kommen aus unterschiedlichen wissenschaftlichen Disziplinen. Der SVR geht auf eine

Initiative der Stiftung Mercator und der VolkswagenStiftung zurück. Zusammen mit der Bertelsmann Stiftung, der Freudenberg Stiftung, der Robert Bosch Stiftung, dem Stifterverband und der Vodafone Stiftung Deutschland gründeten sie 2008 den Sachverständigenrat als Expert:innengremium, das sich mit Fragen der Migration und Integration beschäftigen sollte. Seit 2020 ist der SVR in Bundesförderung. In sogenannten Jahresgutachten analysiert der SVR den Status der Integration in der Gesellschaft Deutschlands und identifiziert Felder, in denen aus seiner Sicht Handlungsbedarf besteht.

Wie ist wissenschaftliches Wissen von der Migration von Wissenschaftler:innen selbst beeinflusst?

Der wissenschaftliche Sektor und damit der Bereich, in dem ein großer Teil derjenigen arbeitet, die Wissen über Migration herstellen, ist selbst hochmobil. Zum einen sind die Wissenschaftler:innen oft selbst Migrant:innen. Das hat Konsequenzen, da es bedeutet, dass die Art und Weise, wie über Migration geforscht wird und wie dadurch Erkenntnisse gewonnen werden, von den internationalen Erfahrungen der Wissenschaftler:innen (mit) beeinflusst wird. Die Tatsache, dass Wissenschaftler:innen selbst hochmobil sind und viele von ihnen zumindest für eine Zeit im Ausland leben und somit Migrant:innen sind, lässt sie für bestimmte Themen besonders sensibel sein. Jemand, der selbst einmal die Meldeprozeduren in einem Staat, dessen Staatsbürgerschaft er oder sie nicht besitzt, durchlaufen hat oder das Mülltrennungssystem an einem fremden Ort erlernt hat, ist für diese Themen in der Forschung zu schwedischen Rentner:innen in Spanien stärker sensibilisiert als jemand, der oder die diese Erfahrung nicht hat.

Zum anderen tauschen sich Wissenschaftlerinnen und Wissenschaftler untereinander über ihre Forschungen aus und tun dies oft auf internationalen Konferenzen oder indem sie Artikel schreiben, die in weltweit rezipierten Zeitschriften erscheinen. So erfahren Wissenschaftler:innen in Deutschland etwas über nepalesische Migrant:innen in China, und australische Wissenschaftler:innen erhalten Einblick in die Lebenswelten von schwedischen Rentner:innen, die nach Spanien ausgewandert sind. Das Wissen, das auf diese Weise ausgetauscht wird, migriert also auch – damit wird ein ganz bestimmtes Wissen weitergegeben.

Wissenschaftliches Wissen über Migration ist also in zweifacher Weise von der Migration der Wissenschaftlerinnen und Wissenschaftler beeinflusst: Die Erkenntnisse, die durch die Forschung erzielt wurden, gehen mit den Wissenschaftler:innen ‚auf die Reise' und migrieren selbst. Und die Erfahrungen, die Wissenschaftler:innen machen, die Migrant:innen sind, sensibilisieren sie für bestimmte Themen, lassen ihnen bestimmte Interpretationen ihrer Ergebnisse besonders plausibel oder relevant erscheinen und prägen so unser aller Wissen über Migration. Das bedeutet nicht, dass dadurch ‚falsches' Wissen über Migration entsteht. Es macht vielmehr deutlich, dass die Arbeit, die Wissenschaftler:innen tun, auch durch ihre eigene Identität und den Kontext, in dem sie sich bewegen, geprägt ist. Das bezeichnet man als → Positionalität.

Gibt es wissenschaftliche Stimmen, auf die mehr gehört wird als auf andere?

Innerhalb der Gruppe der Wissenschaftler:innen gibt es dann wiederum Gruppen, die mehr Gehör finden als andere. Wissenschaftliche Stimmen haben also unterschiedliches Gewicht. Hier gibt es einerseits eine thematische Unterscheidung: Wenn es um Bürgerkriegsflüchtlinge, etwa in Afghanistan, geht, werden Forscher:innen, die wissenschaftliche Expertise im Bereich von Fluchtmigration aufweisen, eher gehört als Forscher:innen, die hauptsächlich zu studentischer Bildungsmigration arbeiten. Dies sind dann unterschiedliche Gewichtungen, die inhaltlich begründet sind.

Darüber hinaus gibt es andererseits aber auch eine Gewichtung von Wissen und Stimmen, die in grundsätzlichen sozialstrukturellen Ungleichheiten begründet ist. Dazu gehören einmal die Unterschiede zwischen dem sogenannten Globalen Süden und Globalen Norden. Dies sind historisch gewachsene, oft durch eine koloniale Vergangenheit begründete Verhältnisse zwischen Staaten und Institutionen (Bauriedl und Carstensen-Egwuom 2023), die u. a. dazu führen, dass Forscher:innen von einer britischen Universität im öffentlichen und politischen Diskurs eher gehört werden als diejenigen von einer ugandischen Universität. Die Gründe dafür sind vielfältig, lassen sich aber u. a. darauf zurückführen, dass historisch bedingt in Staaten des Globalen Südens weniger Ressourcen u. a. für akademische Forschung vorhanden sind. Universitäten in diesen Staaten sind seltener in internationale Forschungsnetzwerke eingebunden, es sind weniger institutionelle und individuelle finanzielle Ressourcen für die Teilnahme an (kostspieligen) internationalen Konferenzen im Ausland vorhanden und Förderstrukturen wie Stipendiensysteme existieren in der Regel auch weniger. Hinzu kommt, dass die Möglichkeiten, das durch Forschung erzielte Wissen in die *scientific community* und die breitere Öffentlichkeit zu bringen, geringer ausgeprägt sind, da auch hier Netzwerke und Kontakte zu machtvollen oder einflussreichen Ansprechpersonen nicht in dem Maße vorhanden sind wie im Fall von Forscher:innen im Globalen Norden.

Ein weiterer wichtiger Punkt ist, dass es innerhalb des öffentlichen und medialen Diskurses eine ebenfalls historisch gewachsene Valorisierung (Wertschätzung) von Wissen bestimmter Institutionen gibt, und diese sind in der Regel im Globalen Norden verortet. Forschungsergebnisse, die aus Forschungsgruppen etwa der US-amerikanischen Universitäten Stanford oder Yale oder der britischen Universitäten Oxford oder Cambridge stammen, werden zum einen stärker wahrgenommen als Forschungsergebnisse von nicht so prestigeträchtigen Institutionen. In der Regel wird ihnen aber auch ein höherer Wahrheitsgehalt aufgrund der institutionellen Zuordnung zugesprochen als Forschungsergebnissen von Forscher:innen, die z. B. an einem US-amerikanischen *Community College* arbeiten.

Neben diesem grundsätzlichen Ungleichgewicht, das die Struktur von wissenschaftlichem Wissen insgesamt prägt, gibt es insbesondere in der → Migrationsforschung zunehmend Stimmen, die ungleiche Machtverhältnisse in der Wissensproduktion und -distribution thematisieren und herausfordern. Unter dem Stichwort der *critical whiteness* wird seit den 1990er Jahren das Phänomen erforscht, dass auch in einer postkolonialen Welt ein Großteil der machtvollen Positionen weiterhin von ‚weißen' Menschen besetzt ist und die Privilegien von Angehörigen der als ‚weiß' markierten Personen fortbestehen (Applebaum 2016). Dies wird im Englischen mit „white supremacy" (hooks 1998) benannt und bezeichnet die Tatsache, dass durch spezifische Strukturen und Diskurse bestimmte, an Hauptfarbe und Herkunft gekoppelte Machtverhältnisse manifestiert werden. In diesem Fall handelt es sich um die Festschreibung einer Hierarchie von ‚weißen' (als hierarchisch höhergestellt verstanden) und ‚nicht weißen' (als hierarchisch niedriger gestellt verstanden) Personen, deren Wurzeln in der Kolonialzeit liegen. Anliegen der Vertreter:innen des ursprünglich aus den USA stammenden *critical whiteness*-Ansatzes ist es, die unsichtbaren Strukturen und Mechanismen und die ihnen zugrundeliegenden Rassismen aufzuzeigen.

Was macht die Kritische Migrationsforschung?

Die Kritische Migrationsforschung wendet sich den migrationsbezogenen Themen auf eine besondere Art und Weise zu. Sie problematisiert insbesondere die rein ökonomisch und rationalistisch argumentierenden Erklärungen für Migration. Aus ihrer Sicht ist Migration in komplexe soziale, ökonomische, politische Verhältnisse eingebettet und sowohl von individuellen als auch von strukturellen Bedingungen gerahmt. Diese Verhältnisse und Rahmenbedingungen sind wiederum in Diskurse und Narrative über Migration eingebettet und erzeugen diese. Darüber werden bestimmte Formen der Migration problematisiert, andere positiv dargestellt und wieder andere normalisiert oder unsichtbar gemacht. Dies ist der Fall, wenn die Arbeitsmigration von Rumäninnen und Rumänen nach Deutschland kritisch debattiert wird, die von Schwed:innen aber nicht – obwohl es sich in beiden Fällen um EU-Staatsangehörige handelt. Auch die Position, dass Deutschland eine besonders große Last durch die Aufnahme von Geflüchteten trage, würde von einer Kritischen Migrationsforschung kritisiert und in ein weltweites Bild (in dem gerade die an Konfliktregionen angrenzenden Staaten besonders viele Geflüchtete aufnehmen) eingeordnet werden. So geht es einer Kritischen Migrationsforschung letztlich auch darum, die globalen und lokalen Machtverhältnisse, in die Migration eingebettet ist, sichtbar zu machen und zu adressieren.

Ausgehend von diesem Ansatz verfolgt die Kritische Migrationsforschung auch das Anliegen, andere als die westlichen und ‚weißen' Stimmen in den Diskurs um Migration hineinzubringen. Sie fokussiert die Machtverhältnisse, Akteurskonstellationen, Politiken und Praktiken, die für Migration und migrationsbezogene Phäonomene eine Rolle spielen. Aus Sicht der Kritischen Migrationsforschung ist Migration dabei nicht nur fundamentaler Bestandteil von globalen Gesellschaftsbeziehungen, sondern wird von den unterschiedlichen Akteuren, der Forschung eingeschlossen, immer wieder mit hervorgebracht (Mecheril u. a. 2013). Damit richtet sich das Kritische der Kritischen Migrationsforschung nicht nur auf den Gegenstand selbst, die Migration, sondern auch auf die Migrationsforschung als Disziplin. Diesen Ansatz teilt sie mit der → Reflexiven Migrationsforschung (→ Was macht die Reflexive Migrationsforschung?).

Was macht die Reflexive Migrationsforschung?

Die → Reflexive Migrationsforschung ist eine besondere Form der Migrationsforschung. Unter „Migrationsforschung" versteht man das Feld der wissenschaftlichen Forschung, das sich mit Migration und migrationsbezogenen Phänomenen beschäftigt. Es ist ein interdisziplinäres Feld. Das heißt, dass die Forschung in der Soziologie, in der Geographie, in der Geschichtswissenschaft, in der Erziehungswissenschaft und Pädagogik, aber auch in der Rechtswissenschaft und der Psychologie stattfindet. Das Feld ist nicht begrenzt; egal, in welcher Disziplin eine Forschung verortet ist, sie kann Teil der Migrationsforschung sein und Wissen über Migration erzeugen.

Die → Reflexive Migrationsforschung ist nun der Bereich dieses interdisziplinären Feldes, der sich damit beschäftigt, wie das wissenschaftliche Wissen über Migration entsteht und welche Konsequenzen es hat. Die Reflexive Migrationsforschung versucht, das wissenschaftliche Tun ihres eigenen Forschungsfeldes zu reflektieren, das heißt: zu überdenken. Dazu gehört zum Beispiel, dass die Verwendung von Kategorien in der Forschung untersucht wird. Denn auch in der Migrationsforschung wird mit Kategorien wie „der Geflüchtete" oder „die Migrantin" gearbeitet. Mithilfe dieser Kategorien ist es erst möglich, Forschung zu operationalisieren: Forscherinnen und Forscher brauchen einen Namen für das Phänomen, das sie untersuchen wollen. Der Name – z. B. „Flucht" – ist notwendig, um das Phänomen identifizierbar zu machen, um es abgrenzen und untersuchen zu können und darüber mit anderen zu sprechen. Und sie brauchen Kategorien – z. B. „Mensch mit Migrationshintergrund" –, um in einem Fragebogen nach bestimmten Sachverhalten zu fragen oder eine bestimmte Gruppe Menschen für eine Interviewstudie ausfindig zu machen. Solche Namen, Benennungen, Klassifizierungen gehen mit Abgrenzungen, mit einem → Othering, einher und legen Unterschiede zwischen Phänomenen fest. So ist jemand in einem Fragebogen *entweder* eine Asylsuchende *oder* eine irreguläre Migrantin, *entweder* ein Mensch mit Migrationshintergrund *oder* ein Ausländer. Die Verwendung solcher Kategorien und ihre Folgen für die Forschungsergebnisse und die Verwendung der Ergebnisse etwa in der Politik oder der Verwaltung sind Gegenstand der → Reflexiven Migrationsforschung.

Die Mechanismen und die die Gesellschaft strukturierenden Konsequenzen derartiger Kategorien werden also von einer Reflexiven Migrationsforschung identifiziert, explizit gemacht und in ihrer sozialen Wirkmächtigkeit offengelegt.

Glossar - Wichtige Begriffe kurz erklärt

Im Text waren zentrale Fachbegriffe mit einem → gekennzeichnet. Hier werden sie genau erklärt.

Akkulturation

Der Begriff bezeichnet das Erlernen der Praktiken, Umgangs- und Verhaltensweisen einer Gesellschaft oder sozialen Gruppe. Akkulturation gilt als Hinweis darauf, dass eine Gewöhnung an ein neues Gesellschaftssystem stattgefunden hat und die Konventionen dieser Gesellschaft erlernt wurden. Im Kontext der Migration wird insbesondere von Akkulturation in einer Gesellschaft gesprochen.

Anthropozän

Mit diesem Begriff bezeichnet man das derzeitige Zeitalter, das als menschengemacht verstanden wird. Das bedeutet, das in dieser Epoche der Mensch der zentrale Einflussfaktor für gesellschaftliche, politische, ökonomische, aber gerade auch klimatische und ökologische Entwicklungen ist. Menschliches Handeln betrifft in diesem Zeitalter gleichermaßen die kulturelle wie die natürliche Umwelt des Menschen.

Anwerbestrategien

Politische und wirtschaftliche Akteure können bestimmte Strategien einsetzen, um Migration zu steuern, in diesem Fall: um Migration in ein bestimmtes Land und zu einem bestimmten Zweck anzuregen. Diese bezeichnet man als Anwerbestrategien. In der Regel stehen wirtschaftliche Überlegungen dahinter: Menschen sollen in einem anderen Land arbeiten und aus diesem Grund migrieren. Solche Anwerbestrategien gab es in der Vergangenheit in Deutschland, die die sogenannte → Gastarbeitermigration ermöglichten. Aber auch heute werden mit Programmen wie der *United States Permanent Resident Card*, bekannt auch als *Greencard*, in den USA oder der Blauen Karte der EU Anwerbestrategien umgesetzt.

Arbeitnehmerfreizügigkeit

Innerhalb der Europäischen Union ist es Arbeitnehmer:innen gestattet, in anderen EU-Staaten zu arbeiten und zu wohnen, ohne einen besonderen Meldeprozess zu durchlaufen oder einen entsprechenden Aufenthaltsstatus zu beantragen. Vielmehr ist das → Aufenthaltsrecht in einem Mitgliedsstaat der EU für Menschen mit EU-Staatsbürgerschaft geregelt und ist als Arbeitnehmerfreizügigkeit bekannt. Es wird in Artikel 3, Absatz 2 des Vertrags über die Europäische Union (EUV), Artikel 4, Absatz 2a, Artikel 20, Artikel 26 und in den Artikeln 45-48 des Vertrags über die Arbeitsweise der Europäischen Union (AEUV) geregelt. Auch ihren Familienangehörigen wird „Zuzugs- und Aufenthaltsrecht“ (Konle-Seidl 2021, 1) zugesprochen. Mit der Europäischen Arbeitsbehörde gibt es zudem eine eigene Institution, die sich um Fragen der Freizügigkeit sowie die Belange der mobilen EU-Arbeitskräfte kümmert.

Assimilation

Mit diesem Begriff wird die weitestgehende Anpassung von Migrant:innen an die aufnehmende Kultur und die Übernahme der dort etablierten Praktiken, Verhaltens- und Lebensweisen bezeichnet. Das Konzept der Assimilation hat heute etwas an Bedeutung verloren, da es unterstellt, dass sich die aufnehmende Gesellschaft nicht verändert, sondern die Immigrant:innen in ihr aufgehen. Da sich heute ein Kulturbegriff durchgesetzt hat, der davon ausgeht, dass Kultur dynamisch ist und sich stetig verändert, versteht man das Zusammenleben von Migrant:innen und sogenannter Aufnahmegesellschaft eher als sich wechselseitig beeinflussend und prägend.

Asyl

Menschen, die in ihren Herkunftsländern politisch verfolgt werden, haben in anderen Staaten ein Recht auf Asyl. Laut der Allgemeinen Erklärung der Menschenrechte der UN haben alle Menschen das Recht, Asyl in einem anderen Staat zu beantragen, wenn sie in ihrem Aufenthaltsland politisch verfolgt werden. In Deutschland ist dieses Recht im Grundgesetz festgeschrieben. Im Artikel 16(a) heißt es im ersten Satz: „Politisch Verfolgte genießen Asylrecht.“ Wird einem Menschen Asyl gewährt, bekommt er spezifische Aufenthaltsrechte.

Aufenthaltsrecht

Das Leben vor Ort ist rechtlich reguliert, und unterschiedlichen Personen kommt aufgrund ihrer Staatsbürgerschaft oder ihrer Migration ein spezifisches Recht zu, sich an einem Ort aufzuhalten. Dieses wird als Aufenthaltsrecht bezeichnet. Migrant:innen haben je nach rechtlichem Status ein dauerhaftes oder befristetes Aufenthaltsrecht. Eine Sonderform ist die Duldung: Sie betrifft Menschen, deren Aufenthaltsstatus noch nicht abschließend geklärt ist oder die aufgrund der Situation in ihrem Herkunftsland nicht abgeschoben werden dürfen.

belonging
Dieser Begriff bezeichnet eine spezifische Form der Bindung, die Menschen aufweisen. Es handelt sich hierbei um eine Bindung zu etwas – zu einer sozialen Gemeinschaft, zu einem Ort, zu einer Landschaft, zu einem Nationalstaat. In einigen Fällen wird hierfür auch der Begriff der Heimat verwendet. Es handelt sich um eine emotionale Beziehung, die Menschen als einzelne, aber auch als Gruppe zu etwas entwickeln und das für ihre Identität stabilisierend wirkt.

Diaspora
Mit diesem Begriff werden Exilgemeinschaften von Menschen bezeichnet, die ohne Aussicht auf Rückkehr in ihr Herkunftsland in der jeweiligen Aufnahmegesellschaft leben. Menschen in der Diaspora halten Rituale, Praktiken oder Lebensweisen ihres Herkunftskontextes aufrecht, entweder im Alltag oder in ausgewählten Situationen, etwa an Feiertagen oder bei Zusammenkünften mit anderen Mitgliedern der Gemeinschaft.

Emigration
Mit diesem Begriff wird die Migration von Menschen aus der Sicht des Staates oder der Gesellschaft, aus der Menschen auswandern, beschrieben.

Flucht
Der Begriff bezeichnet eine Form der Migration, die die Menschen vor besondere Herausforderungen stellt. Gründe für Flucht sind die Angst um die eigene körperliche Unversehrtheit oder die von Familienangehörigen, aber auch die Angst vor politischer oder religiöser Verfolgung und Unterdrückung. Geflüchtete haben nach der Genfer Flüchtlingskonvention Anspruch auf besonderen Schutz.

Gastarbeitermigration
In Deutschland wurden in der zweiten Häfte des 20. Jahrhunderts im Rahmen von Abkommen mit anderen Staaten ausländische Arbeitskräfte angeworben. Vorgesehen war, dass diese Arbeitskräfte zeitlich befristet in Deutschland leben und daher ‚Gastarbeiter' sein sollten. In der Realität war die Migration dieser Arbeitskräfte allerdings keine temporäre, sondern entwickelte sich in vielen Fällen zu einer dauerhaften. Dennoch blieb der

Begriff Gastarbeitermigration in Deutschland bestehen, um diese besondere Form der Arbeitsmigration zu beschreiben.

Grenze

Man kann drei Arten von Grenzen unterscheiden: naturräumliche, territoriale und soziale Grenzen. Für Migration sind insbesondere die territorialen Grenzen wichtig, die sie Nationalstaaten voneinander trennen. Aber auch naturräumliche Grenzen spielen für Migrant:innen eine Rolle, etwa wenn bestimmte Regionen durch Flüsse, Wälder oder Bergketten begrenzt werden und räumliche Mobilität erschweren bis unmöglich machen. Soziale Grenzen werden wiederum durch Migration zum Teil überschritten, etwa wenn man als Arbeitsmigrant:in Bildungsqualifikationen erwirbt oder so viel Geld verdient, dass man innerhalb einer Gesellschaft sozial aufsteigt und auf diese Weise soziale Grenzen überschreitet.

Immigration

Mit diesem Begriff wird die Migration von Menschen aus der Sicht des Staates oder der Gesellschaft, in die die Migrant:innen kommen, beschrieben.

Integration

Dieser Begriff bezeichnet allgemein die Eingliederung von Teilen in ein Ganzes. Auf Migration bezogen bezeichnet er die Eingliederung von zugewanderten Menschen in die Gesellschaft des Aufnahmelandes. In der Regel geschieht diese über die Einbindung in die verschiedenen Bereiche der Gesellschaft – den Arbeitmarkt, den Wohnungsmarkt, die Freizeit – und geht mit einer Übernahme bestimmter Konventionen und Verhaltensweisen einher.

Migration

Mit diesem Begriff wird eine besondere Form der räumlichen Mobilität bezeichnet. Jedwede Bewegung durch den geographischen Raum könnte als Migration bezeichnet werden; international etabliert hat es sich aber, von Migration zu sprechen, wenn dafür nationalstaatliche Grenzen überschritten werden und Menschen ihren Wohnsitz in das andere Land verlagern. Die Gründe oder Motive, die Menschen haben, um zu migrieren, spielen für die Bestimmung einer räumlichen Bewegung als Migration zunächst keine Rolle.

Migrationsforschung
Mit diesem Begriff wird das Feld derjenigen bezeichnet, die wissenschaftlich über Migration und Migrant:innen arbeiten. Dieses Feld ist interdisziplinär und international. Das bedeutet, dass die Forscher:innen unterschiedlichen Disziplinen angehören (etwa der Soziologie, der Geographie, den Rechtswissenschaften oder der Politikwissenschaft), und dass in sehr vielen Ländern der Welt zu Migration geforscht wird.

Migrationsgesellschaft
Der Begriff bezeichnet eine Gesellschaft, die in quantitativer und in qualitativer Hinsicht von Migration geprägt ist. Das bedeutet, dass zum einen die Menschen, die in der Gesellschaft leben, zu einem gewissen Teil selber migriert sind oder in Familien aufgewachsen sind, in denen Menschen migriert sind. Zum anderen weist die Gesellschaft in allen ihren Teilbereichen Einflüsse von Migration auf. Das zeigt sich in der Gastronomie ebenso wie im Kultursektor oder im Sport, aber auch in veränderten Strukturen im Bildungsbereich oder auf dem Arbeitsmarkt.

Migrationshintergrund
Dieser Begriff bezeichnet eine sozialstatistische Kategorie, die in Deutschland 2005 eingeführt wurde und seitdem bei Bevölkerungserhebungen genutzt wird. Unter der Kategorie des Migrationshintergrunds werden Menschen gefasst, die eigene oder familiäre Migrationsgeschichte haben. Anlass für die Einführung dieser Bezeichnung war der Wunsch, die Bedeutung von Migration für die Bevölkerung sichtbarer zu machen und genauere Informationen über die Lebensrealitäten der Menschen zu erhalten.

Multiple Zugehörigkeit
Mit diesem Begriff wird die Tatsache bezeichnet, dass sich Migrant:innen unterschiedlichen Gesellschaften, Staaten, aber auch sozialen Gruppen gleichzeitig zugehörig fühlen könne. Für ihr Alltagsleben hat dies Konsequenzen, da sie sich nicht ausschließlich der Gesellschaft oder dem Staat, in der/dem sie leben oder aus der/dem sie kommen, verbunden fühlen. Diese mehrfache Bindung ist in der Regel für den oder die Einzelne unproblematisch. Sie wird aber oft von außen problematisiert, u. a. wenn von Migrant:innen erwartet wird, sich nur der einen oder nur der anderen Gesellschaft gegenüber verbunden zu fühlen.

Ortsbindung

Der Begriff bezeichnet das Phänomen, dass sich Menschen bestimmten Orten besonders verbunden fühlen. Dies kann daran liegen, dass dort Menschen leben, die ihnen wichtig sind, oder dass sie den Ort aufgrund seiner ästhetischen, geographischen oder lebensstilbezogenen Qualitäten schätzen. Im Fall von Migration ist die Ortsbindung ein besonders wichtiger Aspekt, da sie eine Beziehung zu einem lokalen Kontext jenseits des Nationalstaats möglich macht. Dies ist bei Menschen, die Staatengrenzen überschreiten und deren nationalstaatliche Bezüge daher komplex sind, wichtig.

Othering

Mit diesem Begriff bezeichnet man den Prozess der Ver*ander*ung von etwas oder jemandem. Das bedeutet, die Andersartigkeit einer Person oder einer Sache herauszustellen und sie darauf zu reduzieren. Spricht man von Migrant:innen als einer Gruppe, nimmt man ein solches Othering vor: Man unterscheidet eine Gruppe von einer anderen Gruppe Menschen und reduziert sie auf das Merkmal der Migration. Hinzu kommt eine Homogenisierung: Allen in der Gruppe zusammengefassten Menschen werden dieselben Merkmale zugesprochen.

Positionalität

Damit ist die Position einer Person in der Gesellschaft gemeint, die beeinflusst, wie diese Person die Welt um sie herum wahrnimmt, einordnet und sich eine Meinung bildet. In der Migrationsforschung bedeutet das, dass Forscher:innen als Personen mit bestimmten Blickwinkeln und Erfahrungen, die aus ihrer spezifischen Position in der Gesellschaft resultieren, auf ihre Forschungsthemen schauen und sie untersuchen. Ein Leben oder Forschen jenseits der Positionalität ist nicht möglich; wichtig ist es daher, die Positionalität und ihre Konsequenzen zu reflektieren.

Rassismus

Mit diesem Begriff wird eine Form der Differenzmarkierung bezeichnet, die mit Abwertungen einhergeht. Es wird zwischen Menschen ein Unterschied gemacht, und dieser Unterschied wird auf die Zugehörigkeit der Menschen zu unterschiedlichen biologischen, unveränderlichen ‚Rassen' zurückgeführt. Den jeweiligen ‚Rassen' werden je spezifische Merkmale zugeschrieben und diese in einem Bewertungssystem zueinander in Bezug gesetzt. Als Konsequenz werden bestimmte ‚Rassen' als besser oder schlechter eingeordnet, und basierend auf diesem Bewertungsraster werden Menschen auf- oder abgewertet. Derartige rassebezogene Abwertungen gehen in der Regel mit Diskriminierung bis hin zu gewalttätigen und tödlichen Angriffen einher. Wichtig ist, dass es nach heutigem Stand der Forschung keine menschlichen ‚Rassen' gibt.

Raum

Es gibt zwei unterschiedliche Verständnisse von Raum, die im Kontext von Migration angewandt werden. Zum einen gibt es den geographischen Raum, der zumeist über politisch-administrative Grenzen bestimmt wird. Eine Stadt oder ein Nationalstaat wären ein auf diese Weise begrenzter geographischer Raum. Zum anderen gibt es soziale Räume. Für sie ist das Interagieren von Menschen miteinander zentral. Man spricht dann davon, dass sich durch Interaktion und Kommunikation ein sozialer Raum aufspannt. Dies kann an einem geographisch bestimmbaren Ort – beispielsweise einer Stadt – sein, aber auch zwischen verschiedenen Orten. In letzterem Fall spricht man dann auch von einem translokalen Raum.

Remigration

Dieser Begriff bezeichnet die Migration von Menschen, die nach einer Phase der Abwesenheit in ihr ursprüngliches Herkunftsland zurückgehen. Es wird die Perspektive des Landes eingenommen, in das wieder zurück migriert wird.

Reflexive Migrationsforschung

Die Reflexive Migrationsforschung ist eine besondere Form der Migrationsforschung. Sie betrachtet, auf welche Weise die Migrationsforschung selbst die Phänomene, die sie untersucht, durch ihre Beschreibungen und Benennungen hervorbringt. Zudem macht sie die Machtbeziehungen im Feld der Migrationsforschung und die wechselseitigen Beeinflussungen zwischen Akteuren innerhalb der Migrationsforschung und in anderen gesellschaftlichen Feldern zum Thema.

Spätaussiedler:innen

Mit dieser Bezeichnung wird eine besondere Gruppe an Migrant:innen in Deutschland bezeichnet. Es sind Menschen, die rechtlich einen besonderen

Status haben, da sie nicht als Ausländer:innen gelten, obwohl sie eine ausländische Staatsbürgerschaft haben, wenn sie nach Deutschland kommen. Dieser besondere Status liegt in der Geschichte begründet, da sie oder ihre Vorfahren im Zuge des Zweiten Weltkriegs aus dem Gebiet des damaligen Deutschen Reichs vertrieben wurden. Sie haben das Recht, die deutsche Staatsbürgerschaft zu erhalten und auf Bundesgebiet zu leben.

Staatenlose Migrant:innen

Dieser Begriff bezeichnet Menschen, die keine Staatsbürgerschaft besitzen. In der Regel erhält eine Person die Staatsbürgerschaft auf einem von zwei Wegen: durch Geburt von den Eltern (dies gilt z. B. für die deutsche Staatsbürgerschaft) oder durch Geburt in einem bestimmten Staat (dies gilt z. B. für die US-amerikanische Staatsbürgerschaft). Menschen können auf verschiedene Weise ihre Staatsbürgerschaft verlieren: weil der Staat, dessen Bürger:in sie sind, aufhört zu existieren; weil die Staatsbürgerschaft entzogen wird (was internationalen Konventionen widerspricht, aber getan wird); weil Personengruppen von der Staatsbürgerschaft ausgeschlossen werden. Keine Staatsbürgerschaft zu haben und damit staatenlos zu sein, hat Konsequenzen für Menschen, da sie nicht repräsentiert werden, keine politische Gestaltungsmacht haben (etwa über Wahlen) und in der Regel auch große Schwierigkeiten haben, in einem anderen Staat eine Statsbürgerschaft zu erhalten, etwa nach der Migration in ein anderes Land.

Territorium

Dieser Begriff bezeichnet einen spezifischen geographischen Raum, der durch politisch-administrative Grenzen bestimmt wird und über den ein spezifischer politischer Akteur Verfügungsgewalt hat und Macht ausübt. Heutzutage weisen Nationalstaaten ein bestimmtes Territorium auf, über das die staatlichen Akteure verfügen. Sie regulieren den Zugang zu diesem Territorium auf bestimmte Weise, etwa durch Gesetze, die bestimmen, wer zu welchem Zweck einreisen darf und wie dies kontrolliert wird. Außerdem werden die Rechte und Pflichten derjenigen, die innerhalb des Territoriums leben, reguliert, beispielsweise mithilfe des Staatsbürgerschaftsprinzips, genauso wie die Aufgaben der kontrollierenden und regulierenden Akteure. Für die Migration ist das Territorium ein wichtiger Bezugspunkt, da Migrant:innen territoriale Grenzen überschreiten und sich in diesem Zuge von einem politisch-regulierenden Kontext in einen anderen bewegen.

Transnationale Migration
Dieser Begriff bezeichnet eine besondere Form der Migration, die sich dadurch kennzeichnet, dass Menschen in ein anderes Land migrieren, aber sowohl den Kontakt als auch ein hohes Maß an Bindung zu ihrem Herkunftsland aufrechterhalten. Sie bewegen sich zumeist mit großer Regelmäßigkeit zwischen den Ländern. Zudem bestehen in der Regel Kontakte zu Menschen in beiden Ländern, die intensiv gepflegt werden.

Transnationale soziale Räume
Durch grenzüberschreitende soziale Beziehungen wird ein sozialer Raum aufgespannt, der jenseits nationalstaatlicher Grenzen verläuft. Durch Kontakte, die zu Menschen an anderen Orten in anderen Staaten aufrechterhalten werden, entstehen diese Räume. Sie sind ähnlich wie Netzwerke zu verstehen, aber unterscheiden sich von diesen dadurch, dass die Orte und Nationalstaaten, in denen die Menschen leben, sowie die Grenzen, die durch das Kontakthalten überschritten werden, berücksichtigt werden.

Verwendete Literatur

Alle im Buch verwendeten Links waren am 4.2.2024 aktiv.

Abbots, Emma-Jayne. 2016. „Approaches to Food and Migration: Rootedness, Being and Belonging“. In *The Handbook of Food and Anthropology*, 115–32. London: Bloomsbury Academic.

Ahmed, Sara, Claudia Castaneda, Anne-Marie Fortier, und Mimi Sheller, Hrsg. 2003. *Uprootings/Regroundings: Questions of Home and Migration.* Oxford, New York: Berg.

Aikins, Muna AnNisa, Teresa Bremberger, Joshua Kwesi Aikins, Daniel Gyamerah, und Deniz Yildirim-Caliman. 2021. „Afrozensus 2020. Perspektiven, Anti-Schwarze Rassismuserfahrungen und Engagement Schwarzer, afrikanischer und afrodiasporischer Menschen in Deutschland“. Berlin: Each one Teach one/ Citizens for Europe. https://afrozensus.de.

Alisch, Monika. 2018. „Sozialräumliche Segregation: Ursachen und Folgen“. In *Handbuch Armut und soziale Ausgrenzung*, herausgegeben von Ernst-Ulrich Huster, Jürgen Boeckh, und Hildegard Mogge-Grotjahn, 503–22. Wiesbaden: Springer Fachmedien. https://doi.org/10.1007/978-3-658-19077-4_22.

Amt für Veröffentlichungen der Europäischen Union. „Richtlinie 2001/55/EG des Rates vom 20. Juli 2001 über Mindestnormen für die Gewährung vorübergehenden Schutzes im Falle eines Massenzustroms von Vertriebenen und Maßnahmen zur Förderung einer ausgewogenen Verteilung der Belastungen, die mit der Aufnahme dieser Personen und den Folgen dieser Aufnahme verbunden sind, auf die Mitgliedstaaten“. Richtlinie. Amtsblatt der Europäischen Gemeinschaften. Europäische Union, 2001. https://eur-lex.europa.eu/legal-content/DE/TXT/?uri=CELEX:32001L0055.

Anderson, Kay. 2008. „‚Race‘ in post-universalist perspective“. *Cultural Geographies* 15 (2): 155–71.

Applebaum, Barbara. 2016. „Critical Whiteness Studies“. In *Education.* Oxford Research Encyclopedias. Oxford: Oxford University Press. https://doi.org/10.1093/acrefore/9780190264093.013.5.

BAMF – Bundesamt für Migration und Flüchtlinge. 2019. „Erteilung einer Aufenthaltserlaubnis“. https://www.BAMF.de/DE/Themen/AsylFluechtlingsschutz/AblaufAsylverfahrens/Ausgang/Aufenthaltserlaubnis/aufenthaltserlaubnis-node.html.

Bauder, Harald. 2015. „Possibilities of Urban Belonging“. *Antipode* online first: 1–20.

Bauriedl, Sybille, und Inken Carstensen-Egwuom. 2023. „Perspektiven auf Geographien der Kolonialität". In *Geographien der Kolonialität*, herausgegeben von Sybille Bauriedl und Inken Carstensen-Egwuom, 13–54. Bielefeld: transcript. https://doi.org/10.1515/9783839456224-002.

Beaverstock, Jonathan V. 2005. „Transnational elites in the city: British highly-skilled inter-company transferees in New York city's financial district". *Journal of Ethnic and Migration Studies* 31 (2): 245–68. https://doi.org/10.1080/1369183042000339918.

Becker, Uwe. 2022. *Deutschland und seine Flüchtlinge: das Wechselbad der Diskurse im langen Sommer der Flucht 2015*. X-Texte zu Kultur und Gesellschaft. Bielefeld: Transcript.

Berlinghoff, Marcel. 2019. *Das Ende der ›Gastarbeit‹: Europäische Anwerbestopps 1970-1974. Das Ende der ›Gastarbeit‹*. Brill Schöningh. https://www.schoeningh.de/view/title/51174.

Bildung, Bundeszentrale für politische. 2022. „19. Februar 2020: Anschlag in Hanau". bpb.de. 18. Februar 2022. https://www.bpb.de/kurz-knapp/hintergrund-aktuell/505333/19-februar-2020-anschlag-in-hanau/.

Brubaker, Rogers. 2005. „The 'diaspora' diaspora". *Ethnic and Racial Studies* 28 (1): 1–19. https://doi.org/10.1080/0141987042000289997.

Bundeskriminalamt. 2022. „PSK 2021 Tatverdächtigentabelle". Tabelle 61. Polizeiliche Kriminalstatistik 2021. Berlin: Bundeskriminalamt. https://www.bka.de/DE/AktuelleInformationen/StatistikenLagebilder/PolizeilicheKriminalstatistik/PKS2021/PKSTabellen/pksTabellen_node.html.

Bundesministerium des Innern und für Heimat. 2024. „Einreise und Aufenthalt von EU-Bürgern (EU-Freizügigkeit)". Bundesministerium des Innern und für Heimat. 2024. https://www.bmi.bund.de/DE/themen/migration/aufenthaltsrecht/freizuegigkeit-eu-buerger/freizuegigkeit-eu-buerger-artikel.html;jsessionid=008095EB712CDAA28D40978C8C2E1BB7.live862?nn=9392824.

Bundesministerium für Arbeit und Soziales. 2019. „Organisierter Sozialleistungsmissbrauch im Zweiten Buch Sozialgesetzbuch. Antwort der Bundesregierung auf die Kleine Anfrage der Abgeordneten Pascal Kober, Johannes Vogel (Olpe), Till Mansmann, weiterer Abgeordneter und der Fraktion der FDP". 19/15623. Berlin: Deutscher Bundestag, 19. Wahlperiode. https://dserver.bundestag.de/btd/19/160/1916066.pdf.

Bundeszentrale für politische Bildung. 2020. „Erstes Anwerbeabkommen vor 65 Jahren". bpb.de. 17. Dezember 2020. https://www.bpb.de/kurz-knapp/hintergrund-aktuell/324552/erstes-anwerbeabkommen-vor-65-jahren/.

Darling, Jonathan, und Harald Bauder, Hrsg. 2019. *Sanctuary Cities and Urban Struggles: Rescaling Migration, Citizenship, and Rights.* Manchester: Manchester University Press.

Der Bundesminister für Arbeit und Sozialordnung. Anweisung. 1973. „Anwerbestopp 1973", 23. November 1973. BArch B 149/54458 fol. 9-10. Bundesarchiv. https://www.bpb.de/geschichte/deutsche-geschichte/anwerbeabkommen/43270/anwerbestopp-1973.

Düvell, Franck, Irina Molodikova, und Michael Collyer, Hrsg. 2014. *Transit Migration in Europe.* IMISCOE Research. Amsterdam: Amsterdam University Press. https://doi.org/10.2307/j.ctt12877m5.

El-Mafaalani, Aladin. 2020. *Das Integrationsparadox: warum gelungene Integration zu mehr Konflikten führt.* Vollständig überarbeitete und erweiterte Neuausgabe, 1. Auflage. Köln: Kiepenheuer & Witsch.

EOTO. 2020. „Afrozensus". Afrozensus. 2020. https://afrozensus.de.

Esser, Hartmut. 1980. *Aspekte der Wanderungssoziologie. Assimilation und Integration von Wanderern, ethnischen Gruppen und Minderheiten. Eine handlungstheoretische Analyse.* Darmstadt; Neuwied: Luchterhand.

Fachkommission Integrationsfähigkeit. 2020. „Gemeinsam die Einwanderungsgesellschaft gestalten. Bericht der Fachkommission der Bundesregierung zu den Rahmenbedingungen der Integrationsfähigkeit". Berlin. https://www.bmi.bund.de/SharedDocs/downloads/DE/veroeffentlichungen/themen/heimat-integration/integration/bericht-fk-integrationsfaehigkeit.pdf?__blob=publicationFile&v=2.

Farwick, Andreas. 2008. „Behindern ethnisch geprägte Wohnquartiere die Eingliederung von Migranten?" In *Quartiersforschung zwischen Theorie und Praxis*, 209–32. Wiesbaden: VS Research.

Fauser, Margit. 2020. *Mobile Citizenship: Spatial Privilege and the Transnational Lifestyles of Senior Citizens.* London: Routledge. https://doi.org/10.4324/9780429467684.

Fischer-Krapohl, Ivonne. 2010. „Migrantenökonomie in der Stadt – räumliche Verteilung, Potenziale und Good-Practice zur kommunalen Förderung". In *Integration – Aktuelle Anforderungen und Strategien in der Stadt-, Raum- und Umweltplanung: 12. Junges Forum der ARL 10. bis 12. Juni 2009 in Hamburg*, herausgegeben von Antje Matern, Sabine von Löwis, und Antje Bruns, 353:43–57. Arbeitsmaterial. Hannover: Verl. d. ARL.

Foroutan, Naika. 2018. *Die postmigrantische Gesellschaft: Ein Versprechen der pluralen Demokratie.* Sozialtheorie. Bielefeld: transcript.

Gesetz über die Angelegenheiten der Vertriebenen und Flüchtlinge (Bundesvertriebenengesetz – BVFG). § 4 Spätaussiedler. o. J. https://www.gesetze-im-internet.de/bvfg/__4.html.

Ghelli, Fabio. 2021. „Schwere Vorwürfe, kaum Konsequenzen". Mediendienst Integration. 15. Juli 2021. https://mediendienst-integration.de/artikel/schwere-vorwuerfe-kaum-konsequenzen.html.

Gorodzeisky, Anastasia, und Inna Leykin. 2020. „When Borders Migrate: Reconstructing the Category of 'International Migrant'". *Sociology* 54 (1): 142–58. https://doi.org/10.1177/0038038519860403.

Greschke, Heike Mónika. 2009. *Daheim in www.cibervalle.com: Zusammenleben im medialen Alltag der Migration.* Qualitative Soziologie, Bd. 10. Stuttgart: Lucius & Lucius.

Grün, Gianna-Carina. 2021. „In Zahlen: Mehr Migration, mehr Mauern – DW – 13.08.2021". dw.com. 2021. https://www.dw.com/de/in-zahlen-mehr-migration-mehr-mauern/a-58859114.

Haas, Hein de. 2023. *Migration: 22 populäre Mythen und was wirklich hinter ihnen steckt.* Übersetzt von Jürgen Neubauer. 1. Aufl. Frankfurt am Main: S. Fischer.

Han, Petrus. 2003. *Frauen und Migration: strukturelle Bedingungen, Fakten und soziale Folgen der Frauenmigration.* UTB Soziologie 2390. Stuttgart: Lucius & Lucius.

Hanewinkel, Vera. 2018. „Frauen in der Migration: Ein Überblick in Zahlen". Bundeszentrale für politische Bildung. https://www.bpb.de/themen/migration-integration/kurzdossiers/280217/frauen-in-der-migration-ein-ueberblick-in-zahlen/.

Hase, Inkeri von, und Michael Stewart-Evans. 2021. „Policies and Practice: a Guide to Gender-Responsive Implementation of the Global Compact for Migration". UN Women. https://rm.coe.int/pp-guide-a4-web-designed-final/1680a4401a.

Hathat, Zine-Eddine. 2021. *Gelebte (Transit)Räume im Maghreb: Raumproduktionen im Kontext der EU-Grenz- und Sicherheitspolitik und der sogenannten Transitmigration.* https://macau.uni-kiel.de/receive/macau_mods_00001068.

Häußermann, Hartmut, und Walter Siebel. 2007. „Integration trotz Segregation – zum Stand der wissenschaftlichen Debatte". In *Handlungsfeld: Stadträumliche Integrationspolitik. Ergebnisse des Projektes „Zuwanderer in der Stadt"*, herausgegeben von Verbundpartner „Zuwanderer in der Stadt", 92–119. Darmstadt: Schader-Stiftung.

Häußermann, Hartmut. 2008. „Wohnen und Quartier: Ursachen sozialräumlicher Segregation". In *Handbuch Armut und Soziale Ausgrenzung*, herausgegeben von Ernst-Ulrich Huster, Jürgen Boeckh, und Hildegard Mogge-Grotjahn, 335–49. Wiesbaden: VS Verlag für Sozialwissenschaften. https://doi.org/10.1007/978-3-531-90906-6_18.

Herbeck, Johannes, und Silja Klepp. 2015. „Decentering Climate Change: Aushandlungen um Klimawandel und Migration in Europa und Ozeanien". Artec-paper 203. Bremen: artec Forschungszentrum Nachhaltigkeit. https://www.uni-bremen.de/fileadmin/user_upload/sites/artec/Publikationen/artec_Paper/203_paper.pdf.

Herbert, Ulrich. 2003. *Geschichte der Ausländerpolitik in Deutschland: Saisonarbeiter, Zwangsarbeiter, Gastarbeiter, Flüchtlinge.* Lizenzausg. Schriftenreihe / Bundeszentrale für politische Bildung 410. Bonn: Bundeszentrale für politische Bildung.

Hickmann, Helena, Anika Jansen, Sarah Pierenkemper, und Dirk Werner. 2021. „Ohne sie geht nichts mehr. Welchen Beitrag leisten Migrant_innen und Geflüchtete zur Sicherung der Arbeitskräftebedarfe in Fachkraftberufen in Deutschland?" FES diskurs. Friedrich-Ebert-Stiftung.

Hillmann, Felicitas. 2016. *Migration. Eine Einführung aus sozialgeographischer Perspektive.* Stuttgart: Steiner Verlag.

Hillmann, Felicitas, und Doris Wastl-Walter. 2011. „Geschlechtsspezifische Geographien der Migration". *Berichte zur deutschen Landeskunde* 85 (1): 5–23.

hooks, bell. 1998. „Representations of whiteness in the black imagination". In *Black on white: Black writers on what it means to be white*, 38–53. New York: Schocken Books.

Innenministerkonferenz. 2021. „Die Kriminalität in der Bundesrepublik Deutschland. Polizeiliche Kriminalstatistik für das Jahr 2020". Polizeiliche Kriminalstatistik. Berlin: Bundesministerium des Innern, für Bau und Heimat. https://bmi.bund.de/SharedDocs/downloads/DE/publikationen/themen/sicherheit/pks-2020.pdf?__blob=publicationFile&v=2.

Integration, Mediendienst. 2024. „Arbeitsmarkt | Integration | Zahlen und Fakten | MDI". Mediendienst Integration. https://mediendienst-integration.de/integration/arbeitsmarkt.html

International Organization for Migration. 2017. *The Migration of Culinary Traditions in the Region.* Geneva: IOM UN Migration Publications Platform. https://publications.iom.int/books/migration-culinary-traditions-region.

International Organization for Migration. „About Migration". International Organization for Migration, 2024. https://www.iom.int/about-migration.

Jakob, Christian. 2013. „Kritik an Frontex: Grenzenloser Grenzschutz". *Die Tageszeitung: taz*, 7. Oktober 2013, Abschn. Politik. https://taz.de/!5057728/.

Kattmann, Ulrich. 1999. „Menschenrassen". In *Lexikon der Biologie.* Heidelberg: Spektrum Akademischer Verlag. https://www.spektrum.de/lexikon/biologie/menschenrassen/42123.

Kemp, Luke, Chi Xu, Joanna Depledge, und Timothy M. Lenton. 2022. „Climate Endgame: Exploring catastrophic climate change scenarios". *PNAS* 119 (34). https://doi.org/Climate Endgame: Exploring catastrophic climate change scenarios.

Konle-Seidl, Regina. 2021. „Freizügigkeit der Arbeitnehmer". 10/2021. Kurzdarstellungen über die Europäische Union. Brüssel: Europäisches Parlament. https://www.europarl.europa.eu/factsheets/de/sheet/41/freizugigkeit-der-arbeitnehmer.

Kraft, Julia. 2016. „Welche verschiedenen Schutzformen können im Asylverfahren erteilt werden?" Bundeszentrale für politische Bildung. https://www.bpb.de/themen/migration-integration/kurzdossiers/224699/welche-verschiedenen-schutzformen-koennen-im-asylverfahren-erteilt-werden/.

Lange, Norbert de, Martin Geiger, Vera Hanewinkel, und Andreas Pott. 2014. *Bevölkerungsgeographie*. Paderborn: Schöningh.

Levitt, Peggy, und Nina Glick Schiller. 2004. „Conceptualizing Simultaneity: A Transnational Social Field Perspective on Society". *International Migration Review* 38 (3): 1002–39. https://doi.org/10.1111/j.1747-7379.2004.tb00227.x.

LSVD. 2023. „Queer Refugees Deutschland". 2023. https://www.queer-refugees.de/.

Lünenborg, Margreth, und Tanja Maier. 2017. *Wir und die Anderen? Eine Analyse der Bildberichterstattung deutschsprachiger Printmedien zu den Themen Flucht, Migration und Integration*. Gütersloh: Verlag Bertelsmann Stiftung.

Maciejewski, Mariusz. 2023. „Schutz der EU-Außengrenzen | Kurzdarstellungen zur Europäischen Union | Europäisches Parlament". November 2023. https://www.europarl.europa.eu/factsheets/de/sheet/153/grenzschutz-an-den-außengrenzen.

Maier, Lucas. 2022. „Rente im Ausland: Die fünf besten Länder für den Ruhestand". *Frankfurter Rundschau*, 4. März 2022, Abschn. Panorama. https://www.fr.de/panorama/rente-ausland-urlaub-alter-auswandern-laender-europa-spanien-griechenland-niederlande-ltt-mallorca-91353315.html.

Matta, Raúl, Charles-Édouard e Suremain, und Chantal Crenn, Hrsg. 2021. *Food Identities at Home and on the Move: Explorations at the Intersection of Food, Belonging and Dwelling*. First issued in paperback. London New York: Routledge.

Mattes, Monika. 2019. „‚Gastarbeiterinnen' in der Bundesrepublik Deutschland". Bundeszentrale für politische Bildung. https://www.bpb.de/themen/migration-integration/kurzdossiers/289051/gastarbeiterinnen-in-der-bundesrepublik-deutschland/.

Mecheril, Paul. 2012. „Migrationsgesellschaft". In *Medien und Minderheiten*, herausgegeben von Andreas Kriwak und Günther Pallaver, 15–35. Innsbruck: Innsbruck University Press. https://doi.org/10.25969/mediarep/861.

Mecheril, Paul. 2014. „Was ist das X im Postmigrantischen?“ *sub\urban. zeitschrift für kritische stadtforschung* 2 (3): 107–12. https://doi.org/10.36900/suburban.v2i3.150.

Mecheril, Paul, Oscar Thomas-Olalde, Claus Melter, und Susanne Arens, Hrsg. 2013. *Migrationsforschung als Kritik? – Konturen einer Forschungsperspektive.* Wiesbaden: Springer VS. http://www.springer.com/springer+vs/p%C3%A4dagogik/erziehungswissenschaft/book/978-3-531-18622-1.

Mediendienst Integration. 2023. „Ukrainische Flüchtlinge | Flucht & Asyl | Zahlen und Fakten | MDI“. Mediendienst Integration. 2023. https://mediendienst-integration.de/migration/flucht-asyl/ukrainische-fluechtlinge.html.

Mediendienst Integration. 2024. „Aufenthalt für Hochqualifizierte – Blaue Karte EU“. Mediendienst Integration. Januar 2024. https://mediendienst-integration.de/integration/arbeitsmarkt.html.

Meeus, Bruno, Karel Arnaut, und Bas van Heur, Hrsg. 2019. *Arrival Infrastructures: Migration and Urban Social Mobilities.* New York: Palgrave Macmillan. https://doi.org/10.1007/978-3-319-91167-0.

Mende, Jens, und Arne Richter. 2010. „3:0 gegen die Türkei – Klose trifft, Deutschland siegt“. *Hamburger Abendblatt*, 8. Oktober 2010, Abschn. Sport. https://www.abendblatt.de/sport/article107866236/3-0-gegen-die-Tuerkei-Klose-trifft-Deutschland-siegt.html.

„Migrationsbericht der Bundesregierung“. 2019. Berlin: Bundesministerium des Innern, für Bau und Heimat. https://www.bamf.de/SharedDocs/Anlagen/DE/Forschung/Migrationsberichte/migrationsbericht-2019.pdf?__blob=publicationFile&v=18.

Möhring, Maren. 2012. *Fremdes Essen: Die Geschichte der ausländischen Gastronomie in der Bundesrepublik Deutschland.* München: Oldenbourg Wissenschaftsverlag. https://doi.org/10.1524/9783486717792.

Morokvasic, Mirjana. 2018. „Frauen in Bewegung: Migration und Geschlechterrollen“. Bundeszentrale für politische Bildung. https://www.bpb.de/themen/migration-integration/kurzdossiers/282700/frauen-in-bewegung-migration-und-geschlechterrollen/.

Müller, Anna-Lisa. 2020. *Migration, Materialität und Identität. Verortungen zwischen Hier und Dort.* Stuttgart: Franz Steiner Verlag.

Müller, Anna-Lisa, Mert Pekşen, Daniel Kubiak, Emma Brahm, Kübra Gencal, und Rani Pabst. 2023. „Rassistisch motivierte Anschläge und ihre sozialräumliche Wirkmächtigkeit: Zur Konstitution von Räumen der Migrationsgesellschaft“. *Polarisierte Welten. Verhandlungen des 41. Kongresses der Deutschen Gesellschaft für Soziologie in Bielefeld 2022* 41 (September). https://publikationen.soziologie.de/index.php/kongressband_2022/article/view/1658.

Müller, Anna-Lisa, und Jörg Plöger. 2019. „Arbeitsbezogene Migration von Hochqualifizierten: Ein Plädoyer für eine geographische Perspektive". *Geographische Zeitschrift* 107 (4): 305–27. https://doi.org/10.25162/gz-2019-0018.

Müller, Tobias. 2018. „Fremd kosten: Wie Migration die Küche beeinflusst". *DER STANDARD*, 9. September 2018. https://www.derstandard.de/story/2000086680898/fremd-kosten-wie-migration-die-kueche-beeinflusst.

Nieswand, Boris. 2018. „Was ist eine Diaspora?" Bundeszentrale für politische Bildung. https://www.bpb.de/themen/migration-integration/kurzdossiers/264009/was-ist-eine-diaspora/.

Oltmer, Jochen. 2012. „Einführung: Migrationsverhältnisse und Migrationsregime nach dem Zweiten Weltkrieg". In *Das „Gastarbeiter"-System. Arbeitsmigration und ihre Folgen in der Bundesrepublik Deutschland und Westeuropa*, 9–21. München: Oldenbourg Wissenschaftsverlag.

Oswald, Ingrid. 2007. *Migrationssoziologie*. Konstanz: UVK.

Panagiotidis, Jannis. 2018. „Spätaussiedler, Heimkehrer, Vertriebene. Russlanddeutsche im Spiegel bundesdeutscher Gesetze". Bundeszentrale für politische Bildung. https://www.bpb.de/themen/migration-integration/russlanddeutsche/274597/spaetaussiedler-heimkehrer-vertriebene/.

Plöger, Jörg, und Anna Becker. 2015. „Social Networks and Local Incorporation – Grounding High-Skilled Migrants in two German Cities". *Journal of Ethnic and Migration Studies* 41 (10): 1517–35. https://doi.org/10.1080/1369183X.2015.1015407.

Plöger, Jörg, und Florian Günther. 2016. „Das andere Zuhause". *Standort* 40 (4): 228–33. https://doi.org/10.1007/s00548-016-0452-y.

Plöger, Jörg, und Susanne Kubiak. 2019. „Becoming 'the Internationals'—How Place Shapes the Sense of Belonging and Group Formation of High-Skilled Migrants". *Journal of International Migration and Integration* 20 (1): 307–21. https://doi.org/10.1007/s12134-018-0608-7.

Pott, Andreas. 2017. „Rassismus in der Migrationsgesellschaft". In *Migration und geographische Bildung*, herausgegeben von Alexandra Budke und Miriam Kuckuck, 39–50. Stuttgart: Franz Steiner Verlag.

Radjenovic, Anja. 2021. „Pushbacks at the EU's External Borders". Briefing PE 689.36. Brussels: European Parliamentary Research Service.

Rass, Christoph. 2010. *Institutionalisierungsprozesse auf einem internationalen Arbeitsmarkt bilaterale Wanderungsverträge in Europa zwischen 1919 und 1974.*

Studien zur historischen Migrationsforschung 19. Paderborn, München, Wien, Zürich: Schöningh.

Rass, Christoph, und Melanie Ulz, Hrsg. 2018. *Migration ein Bild geben.* Wiesbaden: Springer Fachmedien Wiesbaden. https://doi.org/10.1007/978-3-658-10442-9.

Ravenstein, Ernst-Georg. 1889. „The Laws of Migration". *Journal of the Royal Statistical Society* 52 (2): 241–301.

Reinecke, Christiane. 2022. „Ghetto/Ghettoisierung Inventar der Migrationsbegriffe". In *Inventar der Migrationsbegriffe*, herausgegeben von Inken Bartels, Isabella Löhr, Christiane Reinecke, Philipp Schäfers, und Laura Stielike. https://www.migrationsbegriffe.de/ghetto.

Sachverständigenrat für Integration und Migration. 2021. „Normalfall Diversität? Wie das Einwanderungsland Deutschland mit Vielfalt umgeht. Jahresgutachtens 2021 des Sachverständigenrats für Integration und Migration". Berlin: Sachverständigenrat für Zuwanderung und Integration. https://www.ratswd.de/download/w_publikationen/gutachten-2004-zuwanderungsrat.pdf.

Sala, Roberto. 2007. „Vom ‚Fremdarbeiter' zum ‚Gastarbeiter': Die Anwerbung italienischer Arbeitskräfte für die deutsche Wirtschaft (1938-1973)". *Vierteljahrshefte für Zeitgeschichte* 55 (1): 93–120.

Schmiz, Antonie. 2011. *Transnationalität als Ressource? Netzwerke vietnamesischer Migrantinnen und Migranten zwischen Berlin und Vietnam.* Bielefeld: transcript. https://doi.org/10.1515/transcript.9783839417652.

Schneider, Jens. 2018. „Generation Mix – der Versuch einer Annäherung". In *Postmigrantische Visionen. Erfahrungen – Ideen – Reflexionen*, herausgegeben von Marc Hill und Erol Yildiz. Bielefeld: transcript.

Severin-Barboutie, Bettina. 2018. „Multiple Deutungen und Funktionen: Die organisierte Reise ausländischer Arbeitskräfte in die Bundesrepublik Deutschland (1950er–1970er Jahre)". *Geschichte und Gesellschaft* 44 (2): 223–49.

Spiegel, Anna, Ursula Mense-Petermann, und Bastian Bredenkötter. 2017. *Expatriate Managers: The Paradoxes of Living and Working Abroad.* New York: Routledge.

Statista. 2024. „Durchschnittseinkommen in Europa". https://de.statista.com/statistik/daten/studie/183571/umfrage/bruttomonatsverdienst-in-der-eu/.

Stielike, Laura. 2022. „Diaspora". In *Inventar der Migrationsbegriffe.* https://www.migrationsbegriffe.de/diaspora.

Strauß, Marina. 2021. „Frontex: Alles für den Schutz der EU-Außengrenzen?" Deutsche Welle. 12. Februar 2021. https://www.dw.com/de/frontex-alles-f%C3%BCr-den-schutz-der-eu-au%C3%9Fengrenzen/a-56528589.

SWR2. 2021. „Alev Seker: Weinberge und türkischer Tee". swr.online. 11. Juni 2021. https://www.swr.de/swr2/leben-und-gesellschaft/artikel-kleineschaetze-seker-100.html.

Thiel, Ansgar, und Klaus Seiberth. 2020. „Migration und Sport". In *Handbuch Migrationssoziologie*, herausgegeben von Antje Röder und Darius Zifonun, 1–24. Wiesbaden: Springer Fachmedien. https://doi.org/10.1007/978-3-658-20773-1_16-1.

Treibel, Annette. 2015. *Integriert Euch! Plädoyer für ein selbstbewusstes Einwanderungsland.* Frankfurt: Campus Verlag.

UNHCR. 2024 (1). „Refugee Data Finder". UNHCR. 2024. https://www.unhcr.org/refugee-statistics/.

UNHCR. 2024 (2). „What is a Refugee? Definition and Meaning". USA for UNHCR, 2024. https://www.unrefugees.org/refugee-facts/what-is-a-refugee/.

United Nations. „Definitions". Refugees and Migrants. April 2016. https://refugeesmigrants.un.org/definitions.

United Nations Department of Economic and Social Affairs, Population Division. 2020. „International Migration 2020 Highlights". ST/ESA/SER.A/452. United Nations.

United Nations Network in Migration. 2021. „Towards Sustainable Food Systems: The Critical Role of Migrants". Statement. United Nationas Network on Migration. https://migrationnetwork.un.org/statements/towards-sustainable-food-systems-critical-role-migrants.

United Nations Office on Drugs and Crime (UNODC). 2018. „Global Report on Trafficking in Persons 2018". Sales No. E.19.IV. New York: United Nations. Global Report on Trafficking in Persons 2018.

Vogel, Dita, und Norbert Cyrus. 2018. „Irreguläre Migration". Bundeszentrale für politische Bildung. https://www.bpb.de/themen/migration-integration/dossier-migration/247683/irregulaere-migration/?p=all.

Walburg, Christian. 2020. „Migration und Kriminalität – Erfahrungen und neuere Entwicklungen". bpb.de. 25. September 2020. https://www.bpb.de/themen/innere-sicherheit/dossier-innere-sicherheit/301624/migration-und-kriminalitaet-erfahrungen-und-neuere-entwicklungen/.

Wehrhahn, Rainer, und Verena Sandner le Gall. 2021. *Bevölkerungsgeographie.* 3., Überarbeitete Auflage. Geowissen kompakt. Darmstadt: wbg Academic.

Wissenschaftliche Dienste. 2019. „Zu den Begriffen ‚deutsches Volk', ‚Deutsche' und ‚deutsche Volkszugehörigkeit' im Grundgesetz". WD 3-3000-026/19. Berlin: Deutscher Bundestag. https://www.bundestag.de/resource/blob/643190/7855da277bbd3311dcf26fb17774d711/WD-3-026-19-pdf-data.pdf.

Wissenschaftliche Dienste des Deutschen Bundestags. 2022. „Strafrechtliche und kriminalstatistische Aspekte des ‚Sozialleistungsmissbrauchs'". WD 7-3000-115/21. Berlin: WD 7: Zivil-, Straf- und Verfahrensrecht, Bau und Stadtentwicklung. https://www.bundestag.de/resource/blob/881508/194c14185e994c7742fd4de6c9027766/WD-7-115-21-pdf-data.pdf.

Worbs, Susanne. 2005. „Illegalität von Miggranten in Deutschland. Zusammenfassung des Forschungsstandes". Working Paper 2. Nürnberg: Bundesamt für Migration und Flüchtlinge.

World Bank. „World Bank Open Data". World Bank Open Data, 2024. https://data.worldbank.org.

Yildiz, Erol. 2014. „Postmigrantische Perspektiven. Aufbruch in eine neue Geschichtlichkeit". In *Nach der Migration. Postmigrantische Perspektiven jenseits der Parallelgesellschaft*, herausgegeben von Erol Yildiz und Marc Hill, 19–36. Bielefeld: transcript.

Yıldız, Erol. 2018. „Vom methodologischen Nationalismus zu postmigrantischen Visionen". In *Postmigrantische Visionen*, herausgegeben von Marc Hill und Erol Yildiz, 43–62. Bielefeld: transcript Verlag. https://doi.org/10.14361/9783839439166-006.

Wo sich welches Stichwort befindet

Frag doch einfach!

Klare Antworten aus erster Hand

Die utb-Reihe „Frag doch einfach!“ beantwortet Fragen, die sich nicht nur Studierende stellen. Im Frage-Antwort-Stil geben Expert:innen kundig Auskunft und verraten alles Wissenswerte rund um das Thema. Die wichtigsten Fachbegriffe stellen sie zudem prägnant vor und verraten, welche Websites, YouTube-Videos und Bücher das Wissen vertiefen.
So lässt sich leicht in ein Thema einsteigen und über den Tellerrand schauen.

Bisher sind erschienen:

Michael von Hauff
Nachhaltigkeit für Deutschland? Frag doch einfach!
2020, 190 Seiten
ISBN 978-3-8252-5435-3

Claudia Ossola-Haring
Ein Start-up gründen? Frag doch einfach!
2020, 238 Seiten
ISBN 978-3-8252-5436-0

Roman Simschek, Arie van Bennekum
Agilität? Frag doch einfach!
3. Auflage, 2023, 197 Seiten
ISBN 978-3-8252-6055-2

Martin Oppelt
Demokratie? Frag doch einfach!
2021, 202 Seiten
ISBN 978-3-8252-5446-9

Florian Kunze, Kilian Hampel, Sophia Zimmermann
Homeoffice und mobiles Arbeiten? Frag doch einfach!
2021, 190 Seiten
ISBN 978-3-8252-5664-7

Gerald Pilz
Mobilität im 21. Jahrhundert? Frag doch einfach!
2021, 230 Seiten
ISBN 978-3-8252-5662-3

Anke Brinkmann, Gabriele Dreilich, Christian Stadler
Virtuelle Teams führen? Frag doch einfach!
2022, 148 Seiten
ISBN 978-3-8252-5780-4

Andreas Koch
Armut? Frag doch einfach!
2022, 179 Seiten
ISBN 978-3-8252-5554-1

Barbara Schmidt
Angst? Frag doch einfach!
2022, 143 Seiten
ISBN 978-3-8252-5687-6

Fabian Kaiser, Arie van Bennekum
Scrum? Frag doch einfach!
2022, 134 Seiten
ISBN 978-3-8252-5974-7

Florian Spohr
Lobbyismus? Frag doch einfach!
2023, 199 Seiten
ISBN 978-3-8252-5688-3

Henrik Bispinck
Friedliche Revolution und Wiedervereinigung? Frag doch einfach!
2023, 185 Seiten
ISBN 978-3-8252-5445-2

Nassim Madjidian, Sara Wissmann
Seenotrettung? Frag doch einfach!
2023, 192 Seiten
ISBN 978-3-8252-6014-9

Arndt Sinn
Organisierte Kriminalität? Frag doch einfach!
2023, 204 Seiten
ISBN 978-3-8252-6100-9

Detlev Frick
Big Data? Frag doch einfach!
2023, 123 Seiten
ISBN 978-3-8252-5442-1

Annegret Braun
Glück? Frag doch einfach!
2023, 172 Seiten
ISBN 978-3-8252-6092-7

Jenny Amelingmeyer / Thomas B. Berger / Sven Seidenstricker
Innovationsmanagement? Frag doch einfach!
2024, 208 Seiten
ISBN 978-3-8252-6097-2

Matthias Kaufmann
Ethik und Moral? Frag doch einfach!
2024, 199 Seiten
ISBN 978-3-8252-5444-5

Seongcheol Kim
Populismus? Frag doch einfach!
2024, 139 Seiten
ISBN 978-3-8252-6104-7

Anna-Lisa Müller
Migration? Frag doch einfach!
2024, 169 Seiten
ISBN 978-3-8252-5694-4